Raw!

IMPRESSUM

Produktmanagement: Annika Genning, Annemarie Heinel
Textredaktion: Monika Judä
Korrektur: Petra Tröger
Layout, Satz und Umschlaggestaltung: Helen Garner
Repro: Repro Ludwig, Zell am See
Herstellung: Bettina Schippel
Text und Rezepte: Kirstin Knufmann
Fotografie: Maria Brinkop
Styling: Maria Brinkop, Kai Dönges
Foodstyling: Ute Klar, Jana Skokalski, Nicole Baumann, Manuela Wichert, Nadine Kathke, Kirstin Knufmann

Printed in Italy by Printer Trento

Sind Sie mit diesem Titel zufrieden? Dann würden wir uns über Ihre Weiterempfehlung freuen. Erzählen Sie es im Freundeskreis, berichten Sie Ihrem Buchhändler, oder bewerten Sie bei Onlinekauf. Und wenn Sie Kritik, Korrekturen, Aktualisierungen haben, freuen wir uns über Ihre Nachricht an Christian Verlag, Postfach 40 02 09, D-80702 München oder per E-Mail an lektorat@verlagshaus.de.

Unser komplettes Programm finden Sie unter

www.christian-verlag.de

Alle Angaben dieses Werkes wurden von der Autorin sorgfältig recherchiert und auf den neuesten Stand gebracht sowie vom Verlag geprüft. Für die Richtigkeit der Angaben kann jedoch keine Haftung übernommen werden.

Die Deutsche Nationalbibliothek verzeichnet diese Publikation in der Deutschen Nationalbibliografie; detaillierte bibliografische Daten sind im Internet über http://dnb.d-nb.de abrufbar.

© 2014 Christian Verlag GmbH, München

ISBN 978-3-86244-591-2

Wenn Ihnen die vegane Küche gefällt, probieren Sie doch auch „Vegan & Roh" von Christl Kurz.
Ihre Kirstin Knufmann

Kirstin Knufmann

Raw!

Fotos Maria Brinkop

CHRISTIAN

Mein Raw!Food	6
100 % Pflanze – Was heißt das?	8
200 % Happy – So gut tut Raw!Food	10
Produkte – Vielfalt auf dem Teller	12
Superfoods – Energie für Körper und Geist	16
Tipps und Tricks für Raw!Food in der Küche	18

Der beste Start in den Tag:
FRÜHSTÜCK   26

Von schnell bis edel:
HAUPTGERICHTE   88

Für den ganzen Tag:
SNACKS   48

Das Beste zum Schluss:
FÜR NASCHKATZEN   132

Einfach frisch:
SMOOTHIES   70

Back to basics:
GRUNDLAGEN   168

Anhang	180
Register	190

MEIN RAW!FOOD

Als ich vor einigen Jahren meine Leidenschaft für die roh-vegane Ernährung entdeckte, war das für mich wie ein Tor zu einer anderen Welt. Es gab so viel Neues zu entdecken, auszuprobieren und zu erleben.

Es macht Freude zu fühlen, wie sich der eigene Körper positiv verändert und mehr Energie bekommt, wie der Geist klarer wird und wir mit unserer Nahrung bewusster umgehen. Doch neben all den Vorteilen, die diese Ernährungsform bietet, steht für mich ganz klar der Genuss an erster Stelle. Denn nur wer genießt, kann auch langfristig mit dieser Art der Ernährung glücklich sein.

Als ich die rohköstliche Zubereitung erstmals bewusst wahrgenommen habe, war ich gerade in Amerika als Mode- und Celebrity-Fotografin unterwegs. Dort gibt es in gut sortierten Supermärkten eigene Rohkostabteilungen. Ich war beeindruckt! Damals ernährte ich mich bereits vegan und fand es sehr spannend, die Raw! Abteilung zu erkunden und viel Neues, zum Beispiel Superfoods, aufzuspüren. Schnell stellte ich fest, dass es trotz meiner gesundheitsbewussten Ernährung und Sport noch so unglaublich viel mehr zu entdecken gab und sich mein Körpergefühl daraufhin enorm positiv veränderte. So lernte ich beispielsweise Superfoods wie die Macawurzel, die Chlorella-Alge und die Chiasamen kennen, die auch heute noch zu meinen Lieblingen gehören.

Zurück in Deutschland wurde mir bewusst, dass es so eine Auswahl nicht im Supermarkt zu finden gab. Ich beschloss, dies zu ändern, um jedem, der der veganen Rohkost gegenüber aufgeschlossen ist, den Einstieg zu erleichtern. Jeder sollte die Möglichkeit bekommen, Frische und Geschmack zu entdecken, sein seelisches und körperliches Wohlbefinden zu steigern, gesundheitliche Defizite zu mindern oder zu beseitigen, gesunde Alternativen zu finden und dabei auch sozial kompatibel zu bleiben.

Dieses Buch soll Hilfe und Anregung für alle sein, die ihre Ernährung entweder ganz umstellen oder sich teilweise an die roh-vegane Kost herantasten wollen, um neue Inspiration und Alternativen zu finden. Es enthält neben einfachen Gerichten auch Rezepte für Gourmetrohkost sowie Tipps und Tricks für den Einstieg in die Roh-Küche. Leichtigkeit, Wohlfühlfaktor, Frische und Ästhetik verbinden sich mit Genuss und Hingabe.

Gerne lasse ich Sie teilhaben an meinen Erfahrungen und den kulinarischen Besonderheiten, die ich während meiner Weltenbummeleien sammeln und entdecken durfte.

„Es macht Freude zu fühlen, wie sich der Körper positiv verändert und mehr Energie bekommt."

„Leichtigkeit, Wohlfühlfaktor, Frische und Ästhetik verbinden sich mit Genuss und Hingabe."

Vorwort 7

100% PFLANZE

Was heißt das?

Vegane Ernährung hört sich erst einmal einfach an, wirft aber im Alltag meist viele Fragen auf. Der Begriff **vegan** in der Küche besagt, dass keinerlei tierische Produkte verwendet werden und die Speisen aus einer rein pflanzlichen Auswahl an Nahrungsmitteln bestehen. Dazu zählen beispielsweise Gemüse aller Art, Kräuter und Wildkräuter, Blätter, Samen, Nüsse, Sprossen, Algen (Makro- und Mikroalgen), essbare Blüten, Pilze, Wurzeln, Knollen, Hülsenfrüchte, Beeren, Zitrus- und andere Früchte.

Eine Variante ist die **vegane Rohkost.** Hier werden die Nahrungsmittel vom Anbau bis auf den Teller so schonend wie möglich behandelt und nicht über 42 °C erhitzt, um ihren vollen Gehalt an wertvollen Inhaltsstoffen zu bewahren. So ist sichergestellt, dass wir ein Maximum an Vitalstoffen erhalten und unserem Körper natürliche und lebendige Nahrung geben, die ihn unter anderem optimal mit Energie versorgt, die Verdauung unterstützt, das Immunsystem stärkt, das Risiko, an etlichen Zivilisationskrankheiten zu erkranken, senkt oder hochwertiges „Ausgangsmaterial" für die Bildung neuer Zellen liefert.

Die vegane Rohkost bietet eine Erweiterung des Speiseplans und einen bewussteren Umgang mit unseren Nahrungsmitteln und unserer Umwelt. So fließen ganz bewusst Fragen zur Qualität, Saison und Region mit in die Auswahl unserer Nahrung ein.

Innerhalb der veganen Rohkost gibt es diverse Richtungen mit unterschiedlichen Schwerpunkten und Definitionen, „was gut für uns ist". Exemplarisch seien hier drei Kostformen vorgestellt. Recht verbreitet, aber auch umstritten ist die **Urkost** nach Franz Konz. Hier bestehen die Mahlzeiten aus Pflanzen und Pflanzenteilen, die nicht weiterverarbeitet werden. Früchte, Gemüse und auch Wildkräuter bilden die Basis. Körner stehen nicht auf dem Speiseplan. Trinken wird vernachlässigt, da angeblich die Flüssigkeit in den konsumierten Früchten und Gemüsen ausreicht. Bei der **Monokost** werden Nahrungsmittel einzeln verzehrt und nicht kombiniert, da sich der Körper bei der Verdauung auf nur ein Nahrungsmittel einstellen soll, damit ein schnelleres Sättigungsgefühl eintritt. Die **Sonnenkost** nach Helmut Wandmaker schließlich besteht zu etwa 75% aus sonnengereiften Früchten. Dabei steht der Aspekt im Mittelpunkt, dass der Baum nach der Ernte im Gegensatz zu vielen anderen Pflanzen lebendig bleibt und wieder neue Früchte bilden kann.

Von einfachen Gerichten bis hin zur **veganen Gourmetrohkost** beschäftigen wir uns in diesem Buch. Hier geht es darum, unsere Nahrung gut verträglich und schmackhaft anzurichten und die Vorteile einer kreativen Kombination von Nahrungsmitteln zu nutzen. Die Gourmetrohkost tendiert rein optisch in Richtung Kochkost, bewahrt aber durch ihre schonende Behandlung die wertvollen Inhaltsstoffe der Nahrungsmittel.

Die Bandbreite der hier vorgestellten Rezepte reicht von einfachen bis zu höchst anspruchsvollen Gerichten, die nicht nur unter echten Rohkostfans ihre Liebhaber finden werden. Ausgewogenheit und bunte Vielfalt auf dem Teller lautet hier die Devise. Abgerundet wird diese vollwertige Ernährung idealerweise durch viel frische Luft, Bewegung, gesunden Schlaf und psychische Gesundheit.

Jede Form der veganen Rohkost hat ihre Vorteile. Auch lassen sich viele Richtungen miteinander vereinbaren, denn unsere Bedürfnisse ändern sich unter anderem auch mit den Jahreszeiten. Während wir zum Beispiel im Sommer fast automatisch mehr Früchte und fettärmer

> Die Nahrungsmittel werden so schonend wie möglich behandelt, um ihren vollen Gehalt an Inhaltsstoffen zu bewahren. So ist sichergestellt, dass wir ein Maximum an Vitalstoffen erhalten, die unseren Körper unter anderem optimal mit Energie versorgen.

essen, stehen in der kalten Jahreszeit weniger Früchte und dafür fettreichere Kost auf dem Tisch. Es gibt keine allgemeingültige, „richtige" Lösung. Jeder sollte auf seinen Körper hören und seinen Speiseplan auf seine individuelle und aktuelle Lebenssituation abstimmen. Unser Körper wird, mit steigendem Anteil an naturbelassener veganer Rohkost, seine Bedürfnisse immer besser erkennen und definieren lernen.

Erlerntes Essverhalten hat sich oft über Jahrzehnte verfestigt. Es ist ein langsamer Prozess, bis Körper und Kopf alte Muster loslassen, doch er gibt uns die Möglichkeit, mithilfe von natürlicher und unbehandelter Nahrung unseren Körper wieder ins Gleichgewicht zu bringen, das Gewicht anzupassen, die Stimmung aufzuhellen, mehr Freude an Bewegung zu finden, Heißhungerattacken vorzubeugen und vieles mehr.

Für mich war die Umstellung auf vegane Rohkost eine enorme Bereicherung. Dabei habe ich mich an keine Dogmen gehalten, sondern bin meinem Körpergefühl gefolgt. Ich hatte und habe Freude daran, neue Geschmäcker, Nahrungsmittel und Superfoods kennenzulernen und andere anzustecken mit meiner Begeisterung, und gern gebe ich den Genuss und den Gesundheitsfaktor rohköstlicher Leckerbissen an Sie weiter.

> „Ausgewogenheit und bunte Vielfalt auf dem Teller lautet hier die Devise."

200% HAPPY

So gut tut Raw! Food

Die vegane Rohkost bietet etliche Vorteile, von denen viele auf den ersten Blick nachzuvollziehen sind. Denn jeder weiß, dass frisches Gemüse, Salat und Obst gesund sind. Manche sind jedoch erst auf den zweiten Blick zu erkennen. So bieten zum Beispiel rohköstliche Nahrungsmittel noch das volle Spektrum an Vitaminen, Fettsäuren, Proteinen, (Co-)Enzymen, Mineralien, Pigmenten, Gerb- und Bitterstoffen, Antioxidantien und vielen weiteren sekundären Pflanzenstoffen.

All diese wertvollen Inhaltsstoffe tun uns einfach gut. Sie fördern unsere Gesundheit, steigern Leistungsfähigkeit und Wohlbefinden, aktivieren unsere Selbstheilungskräfte, wirken positiv auf unseren Gemütszustand, verbessern die Verdauung, regulieren das Gewicht, lassen uns besser mit Stress umgehen, liefern gutes Ausgangsmaterial für die Neubildung von Körperzellen und schenken uns deutlich mehr Vitalität – um nur ein paar Pluspunkte aufzuzählen.

So ist es nachvollziehbar, dass vegane, natürliche und nicht erhitzte Zutaten automatisch einen bewussteren Umgang mit der Nahrung bedeuten. In industriell verarbeiteten Nahrungsmitteln ist eine ganze Palette an Zusatzstoffen wie Geschmacksverstärker, Konservierungsstoffe, Farbstoffe, Füllstoffe, Süßstoffe usw. enthalten, die nicht gut für uns sind. Viele sogenannte Zivilisationskrankheiten sind unter anderem darauf zurückzuführen und auch die Denaturierung unserer Nahrungsmittel hat ihren Anteil daran. Erhitzte, raffinierte oder gehärtete Fette sowie denaturierte Proteine belasten unseren Körper und machen ihn angreifbar für Krankheiten.

Wir können mit der richtigen Ernährung, dem Genuss und der Freude daran unsere Gesundheit ein ganzes Stück voranbringen und vorhandene Defizite oder Schädigungen mindern oder sogar ganz beseitigen. Ein gutes Maß an Bewegung, gesunder Schlaf und geistige Fitness tun ihr Übriges dazu.

So manchen hält die Angst vor sozialer Ausgrenzung davon ab, sich rohköstlich zu ernähren oder diese Ernährungsform zumindest einmal auszuprobieren. Ich kann nur sagen: Es ist durchaus möglich und sogar recht einfach, sich roh-vegan zu ernähren und trotzdem sozial kompatibel zu sein! Es liegt an der eigenen Einstellung und an der Art, diese zu kommunizieren, wie man in seinem Umfeld angenommen wird.

Die Gründe, sich mit veganer Rohkost auseinanderzusetzen, sind sehr vielseitig: Neugierde, ethische und ökologische Beweggründe, gesundheitliche Aspekte, sportliche Ambitionen, Allergien, Gesundheitsbewusstsein, Genuss oder auch eine Kombination verschiedener Faktoren spielen dabei eine Rolle.

Jeder Mensch ist anders, deshalb reagiert er auch individuell auf roh-vegane Kost. Jeder sollte bei der Umstellung auf seinen Körper hören und das Tempo einschlagen, das ihm guttut, und so viel Rohkost in seine Ernährung integrieren, wie es gerade passt. Die Einstellung auf rohköstliche Speisen ist ein Lernprozess für unseren Kopf und unseren Körper!

Ein sehr aktuelles Thema, das im Zusammenhang mit veganer Ernährung immer wieder zur Sprache kommt, ist das Vitamin B_{12}, das unserem Körper regelmäßig zugeführt werden muss. In pflanzlichen Lebensmitteln ist es eigentlich nicht enthalten, bis auf ein paar Ausnahmen, die man kennen sollte. So lässt sich zum Beispiel mit gezielter Beigabe bestimmter Algen wie Chlorella oder Nori und anderer Lebensmittel einem B_{12} Mangel vorbeugen.

„Jeder sollte bei der Umstellung auf seinen Körper hören und das Tempo einschlagen, das ihm guttut!"

Die vegane Rohkost bietet enorm viele Vorteile, ist aber keine Zauberformel und kein Allheilmittel, das alle Probleme wegzaubert. Aber sie hilft dabei, einiges leichter zu machen, vielen Problemen vorzubeugen und generell ein bewussteres Leben zu führen. Unsere Gesundheit ist unser kostbarstes Gut. Die vegane Rohkost unterstützt sie dabei optimal. Dafür sollte sie abwechslungsreich und durchdacht in unserem Speiseplan kombiniert werden. So behalten wir die Freude daran und können auch andere damit inspirieren.

PRODUKTE

Vielfalt auf dem Teller

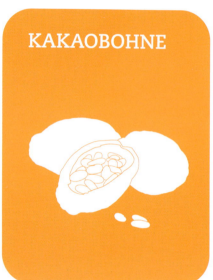

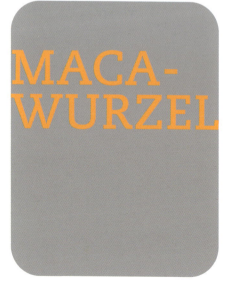
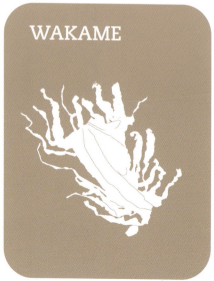

CAROB 	REISHI-PILZ 	SCHISANDRA-BEERE 
CHIA-SAMEN 	AÇAIBEERE 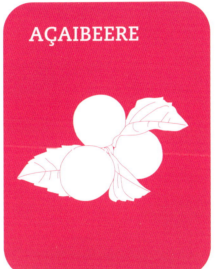	KELP 
BAOBAB 	CHLO-RELLA 	SHATAVARI 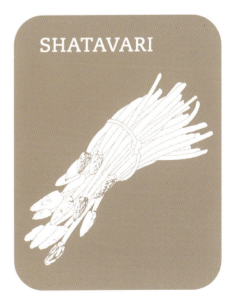

PRODUKTE

Vielfalt auf dem Teller

Gojibeere

Die Pflanze (*Lycium barbarum*) wird auch Wolfsbeere oder Gemeiner Bocksdorn genannt. Die Gojibeere enthält viele Vitamine (A, C, E, B_1, B_2, B_6), Proteine, Eisen, Kupfer, Magnesium, Zink, Selen, Phosphor, Kalzium und Mangan. Sie stärkt das Immunsystem und wirkt antioxidativ. In der Traditionellen Chinesischen Medizin (TCM) wird sie eingesetzt, um z.B. den Blutdruck und Blutzucker zu senken und die Augengesundheit zu fördern.

Kakaobohne

Kakaobohnen sind die Früchte aus der Kakaoschote des Kakaobaumes (*Theobroma cacao*). Kakao enthält etwa 300 verschiedene wertvolle Inhaltsstoffe, unter anderem Magnesium, Eisen, Antioxidantien, Flavonoide, wichtige Aminosäuren wie Tryptophan und Hormone wie Serotonin, denen die stimmungsaufhellende und anregende Wirkung zu verdanken ist. Ihm werden außerdem aphrodisierende Eigenschaften nachgesagt.

Dulse (Makroalge)

Dulse (*Palmaria palmata*), auch Lappentang genannt, ist eine rötliche bis lilafarbene Rotalge. Sie schmeckt leicht nussig und weist einen hohen Anteil an Mineralstoffen und Spurenelementen (Natrium, Bor, Mangan, Titan, Kalzium, Radium, Magnesium, Stickstoff, Schwefel) sowie Vitaminen (A, E und C) auf. Wie die meisten Rotalgen enthält sie verschiedene ungewöhnliche Kohlenhydrate, zum Beispiel Floridoside, und Jod.

Macawurzel

Die Knolle der Macapflanze (*Lepidium peruvianum*) enthält Eiweiße, viele wichtige Mineralstoffe (Eisen, Zink, Magnesium, Kalzium, Phosphor), Kohlenhydrate, Zucker, Stärke und nahezu alle Vitamine. Außerdem L-Arginin, eine Aminosäure, die den Muskelaufbau und die Fettverbrennung unterstützt. Maca wirkt u.a. hormonausgleichend und stimmungsaufhellend und verbessert die Leistungsfähigkeit.

Wakame (Makroalge)

Wakame (*Undaria pinnatifida*) ist eine Braunalge mit kräftigem Aroma. Sie enthält als Meeresalge Jod, viel Kalzium, Magnesium, Vitamine (A, E, C und B_6), Mineralien, Proteine, Eisen, natürliches Fluorid, Kalium, Phosphor, Bromid, Schwefel, Magnesium, Radium, Bor, Rubidium, Spurenelemente (wie Stickstoff, Natrium, Mangan, Titan) und Ballaststoffe. Die Alginsäure soll zur Entgiftung des Darms beitragen.

Stevia

Stevia (*Stevia rebaudiana*) wird auch Honigkraut genannt. Wir sprechen allerdings nicht von dem hochindustriell verarbeiteten weißen Steviapulver, sondern von den Blättern in frischer oder getrockneter Form, die es auch vermahlen als Pulver zu kaufen gibt. Stevia ist eine gute Alternative zum Süßen, verursacht kein Karies und ist für Diabetiker geeignet. Allerdings hat es einen Eigengeschmack, der an Lakritz erinnert.

Carob

Carob (*Ceratonia siliqua*) ist die Frucht des Johannisbrotbaumes. Carobpulver enthält natürlichen Zucker und besitzt ein fruchtig-karamellartiges Aroma, das an Kakao erinnert, aber weniger bitter ist. Daher wird Carobpulver zum Süßen verwendet. Es ist ballaststoff- und vitaminreich, sehr fettarm und frei von anregenden Substanzen wie Koffein oder Theobromin, sodass es sich gut als diätetisches Lebensmittel und für Kinder eignet.

Reishi-Pilz

Reishi (*Ganoderma lucidum*) ist ein außergewöhnlicher und vielseitiger Pilz. Überlieferungen zur Nutzung reichen etwa 4000 Jahre zurück. Seit rund 2000 Jahren wird er in China und im ostasiatischen Raum in der TCM geschätzt und ist die Nummer eins unter den Heilpilzen. Beachtlich ist die hohe Dichte bioaktiver Substanzen. Das Pulver leistet einen wertvollen Beitrag zu Vitalität und allgemeiner Stärkung.

Schisandrabeere

Ich nenne die Schisandrabeere (*Schisandra chinensis*) auch „Wunderbeere", weil sie alle fünf Geschmacksrichtungen beinhaltet und in ihrer Wirkung unglaublich viel leistet. Sie wirkt tonisierend, adstringierend, belebt und harmonisiert zugleich. Sie soll die Libido steigern, hilft bei Husten, Entzündungen, Hautproblemen, Magen-Darm-Beschwerden oder Schlafstörungen und stärkt das Immunsystem.

Chiasamen

Die Samen von Chia (*Salvia hispanica*) enthalten bis zu 38 % Chiaöl. Neben wertvollen Fettsäuren bieten sie hochwertiges Protein, Vitamine (Vitamin A, Niacin, B_1, B_2), Mineralien (Kalzium, Phosphor, Kalium, Zink, Magnesium, Eisen, Kupfer), Antioxidantien und Ballaststoffe. Es kann das Zehnfache seines Volumens an Flüssigkeit aufnehmen, was eine langsame und kontinuierliche Abgabe der Nährstoffe an den Körper begünstigt.

Açaibeere

Die Açaibeere (*Euterpe oleracea*) ist eine kleine, runde Frucht, die im Regenwald des Amazonas in Brasilien an der Kohlpalme wächst. Die Früchte sind gut 1 cm groß und haben eine dünne, purpurrote, bei Vollreife fast schwarze Haut. Sie zeichnen sich vor allem durch einen sehr hohen Anteil an Antioxidantien, reichlich Vitamine und Vitalstoffe, essenzielle Fettsäuren, Aminosäuren, Mineral- und Ballaststoffe aus.

Kelp

Kelp bezeichnet verschiedene Braunalgen, meist aus der Gruppe der Laminarien. Er enthält Jod und viel Beta-Carotin, Kalzium, Magnesium und Eisen, aber auch die Vitamine K, C, B2, B5, B9. Als essbarer Seetang wird er als Süßer Kelp (*Laminaria saccharina*) und Kelp (*Laminaria digitata*) angeboten. Der Kelp L. saccharina trägt hat eine leichte natürlichen Süße im Vergleich zum Kelp L. digitata, welcher eher kräftiger im Geschmack ist.

Baobab

Der Baobabbaum (*Adansonia digitata*) gehört zu den Affenbrotbäumen. Das bereits am Baum in der harten Fruchtschale getrocknete Fruchtfleisch bietet neben seinem fruchtig-herben Geschmack eine hohe Nährstoffdichte. Beachtlich ist vor allem der Vitamin-C-Gehalt, der etwa sechsmal höher ist als der einer Orange. Etwa 45 % des Fruchtfleisches besteht aus Ballaststoffen. Das Fruchtpulver reguliert die Verdauung.

Chlorella (Mikroalge)

Chlorella ist eine einzellige Süßwasser-Mikroalge. Übersetzt bedeutet ihr Name so viel wie „die kleine Grüne" und sie ist etwa so groß wie ein rotes Blutkörperchen. Sie enthält u.a. viel Chlorophyll, Protein, bioverfügbares B_{12} (nach aktuellen Studien) und das Carotinoid Lutein. Außerdem stimuliert sie das Immunsystem, wirkt entgiftend, verbessert die Wundheilung, unterstützt die Blutbildung und stärkt die Verdauungsorgane.

Shatavari

Shatavari (*Asparagus racemosus*) wird in der Ayurvedischen Medizin als Heilpflanze genutzt. Sie wird speziell von Frauen konsumiert. Unter anderem soll sie die Libido und die Fruchtbarkeit steigern, stimuliert aber auch die Milchproduktion, erleichtert die Menopause und Regelbeschwerden, wirkt antibakteriell, antimikrobiell, schmerzlindernd sowie antioxidativ und lindert Husten und bronchiale Infekte.

SUPERFOODS

Energie für Körper und Geist

Superfoods sind in aller Munde. Aber was ist das eigentlich? Es gibt zwar keine allgemeingültige Definition des Begriffs, doch allen Superfoods ist zumindest eines gemeinsam: Sie haben eine hohe Nährstoffdichte und sind deshalb so wertvoll und wichtig für unsere Ernährung.

Hinter dem Begriff verstecken sich Nahrungsmittel, die entweder besonders reich an einem bestimmten Inhaltsstoff sind oder eine besonders günstige Zusammensetzung von Vitaminen, Fettsäuren, Proteinen, Enzymen, Mineralien, Pigmenten, Gerb- und Bitterstoffen, Antioxidantien und weiteren sekundären Pflanzeninhaltsstoffen aufweisen.

Die schonende Behandlung dieser Nahrungsmittel ist ausschlaggebend für den Erhalt der wertvollen Inhaltsstoffe und damit für ihre Qualität. Dies fängt schon beim Anbau von Obst, Gemüse und mehr an und zieht sich durch bis zur Zubereitung.

Manche Superfoods sind uns vielleicht schon in der Küche begegnet, andere dagegen sind noch eher unbekannt und tragen oft zungenbrecherische Namen. In vielen Lebensmittelgruppen stecken Superfoods, beispielsweise in Wurzeln (Maca, Shatavari), Beeren (Açai, Blaubeere, Schisandra), Kräutern (Jiaogulan), Blättern, Samen, Nüssen, Sprossen und Algen (Makro- und Mikroalgen wie Spirulina, Chlorella, Wakame, Kelp, Irish Moss), Gemüse und insbesondere grünem Gemüse (Grünkohl), Pilzen (Reishi, Shiitake, Cordyceps), Hülsenfrüchten (Carob, Mesquite) oder Zitrus- und anderen Früchten (Lucuma).

Frische ist ein wichtiges Kriterium für Superfoods. Kräuter oder Wildkräuter, frisch geerntet, liefern wichtige sekundäre Pflanzenstoffe, und für ein paar Kräutertöpfchen ist auf jeder Fensterbank Platz. Ebenfalls für den Eigenanbau zu Hause geeignet sind Sprossen. Sie lassen sich einfach und jahreszeitenunabhängig in der Wohnung ziehen – frischer geht es nicht! Außerdem lässt sich die große Sprossenvielfalt mit ihren unterschiedlichsten Geschmacksrichtungen gut variieren, kombinieren und in Speisen einbinden.

Oft sind Superfoods nicht auf den ersten Blick zu erkennen. Herrkömmliche Schokolade beispielsweise macht zwar glücklich, wie jeder weiß, fördert aber nicht gerade die schlanke Linie. Trotzdem enthält sie eines der reichhaltigsten Superfoods mit vielen positiven gesundheitsfördernden Eigenschaften, nämlich Kakao. Kakaoerzeugnisse werden in verschiedenen Formen angeboten, etwa Kakaobohnen, Kakaonibs, Kakaoliquor/Kakaomasse, Kakaopulver und Kakaobutter. Auch die schwarze Heilerde aus Indien kann man als Superfood bezeichnen. Si ist pflanzlichen Ursprungs und enthält unter anderem organische Huminstoffe und Mineralien.

Auch Avocado und Chiasamen zählen zu den Superfoods, was sie in erster Linie ihrem hohen Gehalt an hochwertigen Fetten zu verdanken haben.

Bei den Wurzeln vertreten unter anderem Maca und Shatavari (eine indische Spargelwurzel) die Superfoods. Sie sind reich an Mineralstoffen, spenden viel Kraft, stärken die Konzentration und können sich positiv auf den Hormonspiegel auswirken.

Superfoods sind so vielseitig wie die Natur selbst. Sie geben jedem ein gutes und sinnvolles Werkzeug in die Hand, sich täglich optimal zu versorgen und die körpereigenen Abwehrkräfte zu stärken. Sie helfen dabei, ausgeglichener und voller Energie zu sein.

Von links nach rechts:
1. Kokosnuss, Avocado, Chiasamen
2. Frische Kräuter (Salbei, Rosmarin, Sauerampfer, Brennnessel, Minze, Sprossen)
3. Gojibeeren (getrocknet, mit Blüte und frisch)
4. Rote Bete, Macapulver
5. Kakaobohnen, Carobschoten
6. Makroalgen (Dulse, Kelp), Mikroalgen (Chlorella)
7. Schisandrabeeren und Schisandrapulver
8. Kurkumapulver, Ingwerwurzel

Einleitung

JETZT WIRD'S ERNST:

Tipps und Tricks für die Küche

Wer beginnt, sich für die rohköstliche Art der Zubereitung zu interessieren, dem werden viele neue und vielleicht auch völlig unbekannte Dinge und Küchengeräte begegnen. Aber es sind auch einige dabei, die sich garantiert schon in der Küche befinden.

Das Erste, was mir beim Einstieg in die vegane Rohkostküche ins Auge gefallen ist, war ein Hochleistungsmixer. Mir kam es so vor, als würde ich diesen für fast jedes Gericht brauchen. Damals habe ich mich aber aufgrund des doch recht hohen Anschaffungspreises erst einmal für die günstigere Variante, einen handelsüblichen Mixer, entschieden. Das Ergebnis war, dass ich letztendlich drei kaputte Mixer hatte und noch dazu nie die Cremigkeit meiner Gerichte erreicht habe, die ich gerne gehabt hätte. Kurz gesagt, meine erste große Anschaffung nach dieser Erfahrung war ein Hochleistungsmixer. Mit dieser Entscheidung bin ich heute noch sehr glücklich und der Mixer läuft einwandfrei und fast täglich.

Mit diesem Beispiel möchte ich deutlich machen, dass ich auch Geräte vorstelle, die zunächst eine Investition bedeuten. Man sollte sich also genau überlegen, ob man dieses Gerät wirklich braucht oder welche Anschaffungen Priorität haben. Es ist nicht nötig, alle Geräte auf einmal zu besorgen, lieber tastet man sich Stück für Stück heran. Bei manchen Geräten ist es allerdings besser, nicht an der falschen Stelle zu sparen und auf gute Qualität zu achten, da Ärger und noch mehr Kosten sonst nicht lange auf sich warten lassen. Dazu gehören meiner Meinung nach der schon erwähnte Hochleistungsmixer, gute (Keramik-)Messer, eine Küchenmaschine und schließlich, wenn man Gefallen daran findet, ein Entsafter und ein Dörrautomat.

Zur Grundausstattung in der Küche gehören für mich zunächst einmal Geräte, die meist ohnehin schon vorhanden sind, egal, ob man Rohkost oder Kochkost zubereitet.

Gute **Messer** stehen an erster Stelle. Am liebsten benutze ich gute Keramikmesser. Diese sind besonders scharf, unempfindlich gegenüber salz- und säurehaltigen Lebensmitteln und können nicht oxidieren. Es macht einfach Spaß, damit zu arbeiten.

Ein **Stabmixer** gehört ebenfalls zur Grundausstattung. Dieser ist schnell in Betrieb, erleichtert die Arbeit und kann ganz vielseitig eingesetzt werden, zum Beispiel bei Saucen, Dips oder Dressings. Außerdem ist er schnell gereinigt und wieder im Schrank verstaut, ohne viel Platz in Anspuch zu nehmen.

Eine **Salatschleuder** erleichtert das Abtropfen größerer Mengen Salat sehr, funktioniert schnell und unkompliziert und lässt sich problemlos reinigen.

Was immer zur Stelle sein sollte, ist ein **Nussmilchbeutel**. Dieser besteht aus feinmaschigen Fasern und lässt uns im Handumdrehen Nussmilch herstellen. Für den Übergang kann auch ein Baumwolltuch verwendet werden. Allerdings ist die Arbeit damit im Gegensatz zum Nussmilchbeutel sehr mühselig und meistens reißen die Baumwolltücher leider früher als später, was dann in der Küche unliebsame Spuren hinterlässt. Die Nussmilchbeutel halten lange und sind waschmaschinentauglich.

Eine **Hand-Zitruspresse** ist ein ausgesprochen schneller Helfer, wenn kleine Mengen Zitronen oder Zitrusfrüchte entsaftet werden sollen.

Links: Vielfalt in der Küche und gutes Equipment sind das A und O.

Unten links und rechts: Nussmilch selbst herzustellen oder Gewürze im Mörser fein zu vermahlen macht den kleinen aber feinen Unterschied im Geschmack.

Oben Mitte: Mit einer Salatschleuder und den richtigen Gemüsehobeln sind frische Zutaten im Handumdrehen vorbereitet.

Rechts: Auf die Frische kommt es an. Und mit dem richtigen Werkzeug macht es gleich mehr Spaß!

Einleitung

> „Frische Gewürze sind wundervoll zum Verarbeiten und verleihen jedem Gericht eine ganz spezielle Note."

V-Hobel oder **Gemüsehobel** sind praktisch. Damit können Gemüse und Obst sehr schnell zu feinen Scheiben, Spalten, Raspeln und mehr verarbeitet werden. Außerdem sind Hobel leicht zu reinigen und nehmen wenig Platz weg.

Die **Küchenmaschine** ist ein nicht allzu großer und praktischer Helfer in der Küche. Selbst härtere Gemüse lassen sich damit spielend verarbeiten, zum Beispiel zu Brot- oder Kuchenteig, Füllungen oder Salaten. Sie verfügt über eine Pulsfunktion und einen manuell gesteuerten Betrieb. Dies erlaubt kreatives Arbeiten auch mit verschiedenen Messereinsätzen. Der am häufigsten verwendete Messereinsatz ist bei mir das S-Messer. Dieser Küchenhelfer ist aus meiner Küche nicht mehr wegzudenken. Eine Küchenmaschine mit einem großen Behälter ist zu empfehlen und erleichert das Arbeiten.

Sprossengläser sind genial. Auf kleinem Raum können wir mit wenig Mitteln zu Hause und zu jeder Jahreszeit Sprossen selbst anbauen. Super gesund, lecker und vollgepackt mit Nährstoffen. Ein echtes Highlight.

Ein **Spiralschneider** ist ein so einfaches, aber unglaublich effizientes Gerät. Er zaubert im Handumdrehen zum Beispiel Gemüsenudeln. Die schmecken immer wieder köstlich. Eine Lieblingssauce dazu und schon hat man ein roh-veganes Fastfood. Spiralschneider gibt es in verschiedenen Modellen, zum Beispiel Handspiralschneider, die von oben nach unten arbeiten oder solche, die seitlich gedreht werden. Ich selbst komme sehr gut mit der seitlichen Variante zurecht. Der Spiralschneider braucht wenig Platz, keinen Strom und hat sich bei mir schon mehr als gelohnt, da er quasi im Dauereinsatz ist.

Die **Sushimatte** ist eine kleine, aber feine Unterstützung, um Sushi zu rollen, und erleichtert die Arbeit erheblich. Wer Sushi mag, wird diese Matte nicht mehr hergeben wollen.

Joghurt ist immer eine sehr feine und auch gesunde Ergänzung auf dem Speiseplan. Um Joghurt selbst zu machen, braucht man nur wenige Utensilien: vegane Joghurtkulturen und der Einfachheit halber einen **Joghurtmaker.**

Mithilfe eines **Beils** lassen sich Kokosnüsse schnell und geschickt öffnen. Auch zum Kräuterhacken eignet es sich hervorragend.

Um Gewürze frisch zu mahlen, ist ein **Gewürzmörser** zu empfehlen. Damit lassen sich auch kleine Gewürzmengen ohne großen Aufwand zerstoßen und vermahlen. Frische Gewürze sind wundervoll zum Verarbeiten und verleihen jedem Gericht eine ganz spezielle Note.

Wer Schokolade mag, wird selbst gemachte Schokolade lieben. Eine lohnenswerte Anschaffung sind **Schokoladenformen.** Diese eignen sich sowohl für Schokolade und Pralinen als auch für Eis und werden garantiert Freude bereiten. Schokoladenformen aus Silikon lassen sich leicht reinigen und gut verstauen.

Um kleine Mengen Ingwer oder Muskat fein zu raspeln, ist eine **Küchenreibe** sehr nützlich. Mittlerweile gibt es auch tolle Reiben aus Keramik. Küchengeräte, die in der Rohkostküche häufig vorkommen:

Oben links: Mit dem Beil lassen sich junge Kokosnüsse kinderleicht öffnen.

Oben rechts: Spiralschneider raus, Gemüse einspannen und im Nu haben wir köstliche Gemüsespaghetti.

Unten links: Bunte Gemüsevielfalt – zum Beispiel für den Pizzaboden – ist in der Küchenmaschine in Sekunden vorbereitet.

Mitte rechts: Eine Sushimatte erleichtert das gleichmäßige Einrollen. Ein einfacher Küchenhelfer, ohne den ich schwer auskommen würde.

Unten rechts: Ein guter Entsafter zaubert leckere und frische Säfte aus Obst, Gemüse und Grün (Gräser, Sprossen, Salat etc.).

Einleitung

Küchengeräte, die in der Rohkostküche häufig verwendet werden:

Ein **Hochleistungsmixer** ist nicht gerade preiswert. Daher ist im Vorfeld gut zu überlegen, welche Anforderungen ich an dieses Gerät stelle, damit ich lange meine Freude daran haben werde. Mit dem Hochleistungsmixer können in wenigen Minuten wunderbare Desserts, Cremes, Smoothies, Eis, Suppen und noch vieles mehr zubereitet werden. Er ist einer meiner treuesten Küchenbegleiter und ich bin sehr froh darüber, mich dafür entschieden zu haben.

Auf dem Markt tummeln sich **Entsafter** in vielen Modellen. Sie teilen sich in Zentrifugen-Entsafter und Schnecken-Entsafter. Die Zentrifugen-Entsafter arbeiten mit hohen Geschwindigkeiten, wodurch dem Saft unnötig Sauerstoff hinzugefügt wird und so die Qualität sinkt. Auch sind sie nicht für Gräser und sehr weiches Obst geeignet. Die Schnecken-Entsafter arbeiten sehr langsam und über Druck, sodass die Säfte dabei sehr schonend gewonnen werden. Sie arbeiten auch gut mit Gräsern sowie mit sehr hartem oder weichem Obst und Gemüse.

Meiner Erfahrung nach ist bei der Anschaffung eines Entsafters neben der Qualität auch entscheidend, wie einfach dieser zu reinigen ist. Es gibt Modelle, die eine komplizierte und lange Reinigung nach der Benutzung erfordern. Das setzt die Hemmschwelle, sich einen frisch gepressten Saft zuzubereiten, deutlich herauf. Meist lässt man es dann lieber bleiben, was aber sehr schade wäre, denn frische Säfte sind unglaublich energetisierend und ein himmlischer Genuss!

Ein **Dörrautomat** ist sehr praktisch, um zum Beispiel Frucht- oder Gemüseleder, Brote, Kräcker, getrocknete Früchte und Gemüse, Plätzchen und mehr herzustellen. Ich selbst habe mir recht spät einen Dörrautomaten zugelegt. Als ich dann einen hatte, lief er fast ununterbrochen. Die Geräte sind recht robust. Sie nehmen zwar viel Platz in Anspruch, erweisen sich aber als treue Begleiter in der Roh-Küche. Ist man sich nicht sicher, ob sich die Anschaffung eines Dörrautomaten lohnt, kann man zunächst auch mit dem Backofen arbeiten, um herauszufinden, wie regelmäßig man ihn nutzt. Dafür den Backofen auf kleinste Stufe stellen (40 °C). Sollten nur 50 °C einstellbar sein, die Backofentür einen Spalt öffnen und evtl. einen Holzstiel zum Offenhalten dazwischenklemmen.

Im Sommer macht frisches selbst gemachtes Eis einfach Spaß! Dieses lässt sich auch gut mit einem Hochleistungsmixer herstellen. Um die volle Cremigkeit zu bekommen, ist eine **Eismaschine** jedoch noch einen Tick besser. Für einen Eisfan lohnt sich die Anschaffung. Wer jedoch auch mit der Hochleistungsmixer-Variante zufrieden ist, ist ebenfalls gut bedient.

Für selbst gemachtes Müsli, Flocken und Ähnliches gibt es **Getreidequetschen.** Sie sind praktisch und einfach zu bedienen. Wer also gerne und oft Müsliflocken oder auch Mehl herstellen möchte, hat hieran viel Freude.

Für selbst gemachtes Sauerkraut in größeren Mengen gibt es **Gärtöpfe** in unterschiedlichen Größen. Die Handhabung ist sehr einfach und die Ergebnisse sind ausgesprochen köstlich.

Links: Mit einem Dörrautomaten lassen sich viele Variationen – ob süß oder herzhaft – zaubern. Ein treuer Begleiter in der Raw!Küche.

Oben links: Ein leckerer Smoothie ist erfrischend, schnell gemacht und gibt einem den ganz besonderen Frischekick.

Rechts: Eine Eismaschine ist ein wahres Wunderwerk. Lust auf Eis? Schnell ein paar Zutaten kombinieren und schon zaubert die Maschine in wenigen Minuten eine cremige Erfrischung.

„Gerade im Sommer macht frisches selbst gemachtes Eis einfach Spaß!"

Einleitung

REZEPTE

Es gibt so viele tolle Produkte für die RAW!Küche. Probiert sie einfach aus und experimentiert mit dem, was euch am besten schmeckt und guttut!

KAPITEL 1

Der beste Start in den Tag:

FRÜHSTÜCK

POPPYSEEDS AND MACA IN LOVE
Mohnmüsli mit Ananas-Maca-Mandelmilch

2 PORTIONEN

FÜR DAS MÜSLI
280 g Buchweizen, gekeimt
35 g Cashewkerne, gehackt
120 g Ananas, gewürfelt
20 g getrocknete weiße Maulbeeren, eingeweicht
20 g Mohn
4 TL helle Sesamsamen
2–3 EL gehacktes Koriandergrün

FÜR DIE FRUCHTCREME
130 g Dattelpaste (S. 174)
50 g Ananas, gewürfelt
3 TL Macapulver
2 TL Lucumapulver
1½ TL Baobabpulver
½ TL Ceylonzimt
1 Msp. Vanillepulver

FÜR DIE ANANAS-MACA-MANDELMILCH
450 ml Mandelmilch (S. 166)
200 g Ananas, gewürfelt
½ TL Macapulver
1 Msp. Ceylonzimt
Süße nach Geschmack

Zubereitung: 15 Minuten • **Trocknen:** 8–12 Stunden

Für das Müsli alle Zutaten in eine große Schüssel füllen und mischen.

Für die Fruchtcreme alle Zutaten im Mixer mixen. Anschließend die Fruchtcreme in die Schüssel über das Müsli geben und per Hand gleichmäßig untermischen.

Die Müslimasse ungleichmäßig auf einer Dörrfolie verteilen und im Dörrautomaten bei 42 °C in 8–12 Stunden trocknen. Nach etwa 4 Stunden das Müsli wenden und die Dörrfolie entfernen.

Für die Ananas-Maca-Mandelmilch alle Zutaten in den Mixer geben und kurz durchmischen. Nach Geschmack süßen. Auf zwei Schüsseln verteilen und das Müsli darüberstreuen.

HUNGRY AS A BeArry
Buchweizenmüsli mit Fruchtcreme

3 PORTIONEN

FÜR DAS MÜSLI
200 g Buchweizen, gekeimt
je 50 g Dinkel und Quinoa, gekeimt
je 50 g weiße Maulbeeren und Gojibeeren
30 g Paranüsse, grob gehackt
50 g Chiasamen
3 TL schwarze Sesamsamen

FÜR DIE FRUCHTCREME
2 Bananen
2 TL Macapulver
1 TL Mesquitepulver
½ TL Vanillepulver
½ TL Açaipulver
1 TL Zitronensaft
3 Schisandrabeeren

AUSSERDEM
600 ml Nussmilch nach Geschmack (S. 166)
280 g gemischte Beeren
Süße nach Geschmack

Zubereitung: 15 Minuten • **Trocknen:** 8–12 Stunden

Alle Zutaten für das Müsli in eine große Schüssel geben und vorsichtig vermengen.

Für die Fruchtcreme alle Zutaten im Mixer cremig mixen. Anschließend die Fruchtcreme in die Schüssel über das Müsli geben und per Hand unterheben.

Die Müslimasse ungleichmäßig auf einer Dörrfolie verteilen und im Dörrautomaten bei 42 °C in 8–12 Stunden trocknen. Nach etwa 4 Stunden das Müsli wenden und die Dörrfolie entfernen.

Die Nussmilch in drei kleine Schüsseln geben und das Müsli darauf verteilen.

Anschließend die Beerenmischung darübergeben und nach Geschmack süßen.

Frühstück 29

CHOCOLATE AND BANANAS CLIMBING HIGH
Schoko-Bananen-Granola mit Mandelmilch

4–5 PORTIONEN

90 g Buchweizen, gekeimt
95 g Quinoa, gekeimt
45 g Dinkel, gekeimt
1 Banane, gewürfelt
45 g Kürbiskerne, 4 Stunden eingeweicht
40 g Sonnenblumenkerne, gekeimt
70 g Rosinen
90 g Chiagel (S. 176)
¼ TL Vanillepulver
2 TL Macapulver

2 EL Kakaopulver (oder MaKao-Pulver/Trinkschokolade)
15 g Kakao-Nibs
¼ TL Chlorellapulver
60 g Datteln, entsteint und in Ringen
2 Feigen, gewürfelt
1 Prise Salz

AUSSERDEM
1 Rezept Mandelmilch (S. 166)

Zubereitung: 20 Minuten • **Trocknen:** 12–16 Stunden

In einer großen Schüssel alle Zutaten mit den Händen zu einem leicht klebrigen Teig verkneten.

Den Teig auf zwei Bleche mit Dörrfolien verteilen und im Dörrautomaten bei 42 °C in 12–16 Stunden trocknen. Nach etwa 8 Stunden das Müsli etwas auflockern, damit es besser trocknen kann.

Das Müsli auf Schälchen verteilen und mit Mandelmilch übergießen.

VIRGIN BLUEBERRY GRANOLA
Blaubeermüsli mit lila Zimt-Mandelmilch

3 PORTIONEN

FÜR DAS MÜSLI
250 g Buchweizen, gekeimt
80 g rotes oder buntes Quinoa, gekeimt
120 g Blaubeeren
30 g Rosinen
3 TL schwarze Sesamsamen

FÜR DIE FRUCHTCREME
2 Bananen
je 2 TL Maca- und Lucumapulver

1 TL Mesquitepulver
1 TL Ceylonzimt
½ TL Vanillepulver
1 TL Zitronensaft

FÜR DIE ZIMT-MANDELMILCH
480 ml Mandelmilch (S. 166)
100 g Blaubeeren
½ TL Açaipulver
1 Msp. Ceylonzimt
Süße nach Geschmack

Zubereitung: 15 Minuten • **Trocknen:** 8–12 Stunden

Für das Müsli alle Zutaten in eine große Schüssel füllen und mischen.

Für die Fruchtcreme alle Zutaten im Mixer mixen. Anschließend die Fruchtcreme in die Schüssel über das Müsli geben und per Hand gleichmäßig untermischen.

Die Müslimasse ungleichmäßig auf einer Dörrfolie verteilen und im Dörrautomaten bei 42 °C in 8–12 Stunden trocknen. Nach etwa 4 Stunden das Müsli wenden und die Dörrfolie entfernen.

Für die Zimt-Mandelmilch alle Zutaten in den Mixer geben und kurz durchmischen. Nach Geschmack süßen. Die Milch auf Schüsseln verteilen und das Müsli hineingeben.

SWEET TEMPTATION
Schokojoghurt mit Vanille-Erdbeer-Tupferl

FÜR DEN JOGHURT
300 g Naturjoghurt (S. 177)
2–3 EL Kakaopulver (oder Carobpulver)
60 g Datteln, entsteint und eingeweicht
2 Msp. Vanillepulver
1 Prise Salz

FÜR DIE VANILLE-ERDBEER-TUPFERL
150 g Erdbeeren
80 g Kokosfleisch (oder Kokosflakes, eingeweicht)
¼ TL Vanillepulver
1 TL Zitronensaft

ZUM GARNIEREN
6 kleine Erdbeeren
6 Basilikumblätter

Zubereitung: 20 Minuten

Alle Zutaten für den Joghurt im Mixer zu einer feinen Creme verarbeiten und auf zwei Schüsseln verteilen.

Für die Vanille-Erdbeer-Tupferl alle Zutaten im Mixer cremig mixen und als Häubchen über den Schokojoghurt geben.

Mit einem Löffelstiel oder Stäbchen kleine Swirls durch den Joghurt und die Erdbeercreme ziehen und zum Garnieren die Erdbeeren und Basilikumblätter leicht in den Joghurt einsinken lassen.

POWERFUL KEFIR
Kefir mit Biss

2 PORTIONEN

FÜR DEN KEFIR
30 g Irish Moss, mindestens 3 Stunden eingeweicht
200 g Cashewkerne (oder Macadamianüsse), etwa 10 Stunden eingeweicht
1 Beutel Kefir-Ferment

FÜR DAS MÜSLI
80 g Dinkel, gekeimt
50 g Buchweizen, gekeimt
1½ EL Sonnenblumenkerne, gekeimt
2 EL fein gehacktes Basilikum

2 EL grob gehackte Haselnüsse
1 TL helle Sesamsamen
1 TL Chiasamen
½ TL Reishipulver
1 TL Lucumapulver
1 TL Baobabpulver
¼ TL Vanillepulver
1 Banane (oder Mango), zerkleinert
2 Feigen, fein gewürfelt
40 g Ananas, fein gewürfelt

ZUM GARNIEREN
einige Feigen- und Ananaswürfelchen

Zubereitung: 15–20 Minuten • **Ruhen:** etwa 12 Stunden

Das eingeweichte Irish Moss mehrmals mit klarem Wasser spülen und mit den Händen kneten, sodass alle Salz- und Sandreste entfernt sind. Dann mit 390 ml lauwarmem Wasser in einen Hochleistungsmixer geben und knapp 2 Minuten auf höchster Stufe mixen, bis es vollständig aufgelöst ist.

Anschließend die Kerne oder Nüsse und weitere 390 ml lauwarmes Wasser dazugeben und etwa 1 Minute mixen. Das Kefir-Ferment hinzufügen und nochmal alles kurz mixen. Die Flüssigkeit in den Joghurtmaker geben und nach Bedienungsanleitung den Kefir herstellen. Dies dauert etwa 12 Stunden.

Für das Müsli alle Zutaten bis auf Feigen und Ananas in eine große Schüssel geben und mit den Händen gut verkneten. Dann Feigen und Ananas hinzufügen und vorsichtig unterheben. Das Müsli auf einer Dörrfolie ausstreichen und im Dörrautomaten bei 42 °C in 8–12 Stunden trocknen. Nach etwa 4 Stunden die Dörrfolie entfernen.

Den fertigen Kefir kurz im Mixer durchmixen. Auf zwei Schüsseln verteilen und das Müsli darauf anrichten. Mit den Obstwürfelchen bestreuen.

POWER AND FLAVOUR
Frischkornbrei mit Früchten

2 PORTIONEN

200 g Getreidemischung nach Geschmack (z.B. 6-Korn-Mischung), gekeimt
100 g Naturjoghurt (S. 177)
1 Handvoll Nüsse nach Geschmack, eingeweicht und gehackt
2 EL Chiagel (S. 176)

je 2 Bananen und Äpfel, gewürfelt
2–3 EL gemischte, fein gehackte Kräuter nach Geschmack

AUSSERDEM
¼ TL Ceylonzimt (oder 2 Msp. Vanillepulver)
Süße nach Geschmack

Zubereitung: 20 Minuten

Das gekeimte Getreide in die Küchenmaschine geben und kurz in Intervallen hacken, sodass das Getreide nur angebrochen wird und leicht körnig bleibt. Den Frischkornbrei in eine Schüssel füllen. Die restlichen Zutaten unterheben und den Brei nach Belieben mit Zimt oder Vanille aromatisieren und nach Geschmack süßen. In zwei kleine Schüsseln füllen und servieren.

Tipp: Je nach Saison passen zu diesem Brei zum Beispiel Feigen, Aprikosen, Gojibeeren, Maulbeeren, Pfirsiche, Heidelbeeren, Stachelbeeren, Trauben oder Orangen.

Frühstück 33

COUNTRYSTYLE CRUNCH
Apfel-Birnen-Crunch mit Karamellsauce

4 PORTIONEN

FÜR DIE FRUCHT-MISCHUNG
3 Äpfel, fein gewürfelt
2 Birnen, fein gewürfelt
110 g Rosinen
40 g weiße Maulbeeren

FÜR DIE MARINADE
2 Äpfel, grob gewürfelt
Saft von ½ Zitrone
100 ml Birnensaft, frisch gepresst
4 Datteln, entsteint und eingeweicht
1½ TL Macapulver
1 TL Vanillepulver
1 Prise Salz

FÜR DEN CRUNCH
je 100 g Pekannüsse und Haselnüsse, eingeweicht
80 ml Agavensirup
½ TL Ceylonzimt
1 Prise Salz
200 g Rosinen
80 g weiße Maulbeeren

FÜR DIE KARAMELL-SAUCE
200 g Dattelpaste (S. 174)
2 EL Mesquitepulver
1 EL Lucumapulver
½ TL Vanillepulver
1 Prise Kristallsalz
¼ TL Ceylonzimt (nach Belieben)

Zubereitung: 15 Minuten • **Marinieren:** 30 Minuten

Für die Fruchtmischung alle Zutaten in eine große Schüssel geben und vermengen. Für die Marinade alle Zutaten im Mixer zu einer Creme verarbeiten und über die Früchte geben. Per Hand gut vermengen und mindestens 30 Minuten marinieren.

Für den Crunch alle Zutaten mit Ausnahme von Rosinen und Maulbeeren in eine Küchenmaschine geben und in Intervallen hacken, bis eine grob gehackte Masse entsteht. Anschließend die Rosinen und Maulbeeren hinzufügen und per Hand unterheben.

Von der Fruchtmischung ein Drittel abnehmen und auf vier Gläser verteilen, darauf dann ein Drittel des Crunch geben. Den Vorgang noch zweimal wiederholen und mit einer Crunch-Schicht abschließen.

Für die Karamellsauce alle Zutaten zusammen mit etwa 200 ml Wasser in die Küchenmaschine geben und zu einer Sauce verarbeiten. Diese über den Crunch gießen.

NUTLOVER
Nussiges Müsli

3 PORTIONEN

FÜR DAS MÜSLI
250 g Buchweizen, gekeimt
50 g Quinoa, gekeimt
100 g Rosinen
50 g geschälte Hanfsamen
40 g Kakao-Nibs
je 30 g Paranüsse, Pekannüsse, Cashewkerne, Haselnüsse und Mandeln, eingeweicht und grob gehackt

FÜR DIE FRUCHTCREME
100 g Dattelpaste (S. 174)
1 EL Carobpulver
1 TL Mesquitepulver
½ TL Vanillepulver

AUSSERDEM
600 ml Nussmilch nach Geschmack (S. 166)
Süße nach Geschmack

Zubereitung: 15 Minuten • **Trocknen:** 8–12 Stunden

Für das Müsli alle Zutaten in eine große Schüssel füllen und vermengen.

Für die Fruchtcreme alle Zutaten im Mixer cremig mixen. Anschließend die Fruchtcreme in die Schüssel über das Müsli geben und per Hand unterheben.

Die Müslimasse ungleichmäßig auf einer Dörrfolie verteilen und im Dörrautomaten bei 42 °C in 8–12 Stunden trocknen. Nach etwa 4 Stunden das Müsli wenden und die Dörrfolie entfernen.

Die Nussmilch in drei Schüsseln füllen und das Müsli darüber verteilen. Nach Geschmack süßen.

Frühstück 35

PLUMS AND CINNAMON IN LOVE
Gefülltes Pflaume-Zimt-Leder

Ein echter Hingucker, auch als Fingerfood für Partys

8 PÄCKCHEN

2 Pflaume-Zimt-Leder
(S. 178)

FÜR DIE FÜLLUNG
5 Pflaumen, fein
gewürfelt
3 Feigen, fein gewürfelt
400 g Cashewsahne
(S. 169)

AUSSERDEM
8 Schnittlauchstängel
(lang und möglichst
stabil)

Zubereitung: 25 Minuten

Jedes Fruchtleder in vier gleich große Teile schneiden.

Die gewürfelten Früchte unter die Cashewsahne heben und mittig auf die Fruchtleder verteilen.

Die gefüllten Fruchtleder an den Ecken nach oben führen und über der Füllung zusammendrücken. Mit je einem Schnittlauchstängel vorsichtig zusammenbinden.

SUPERHERO KICKSTARTER
Knuspermüsli mit Kräuter-Nussmilch

Außergewöhnlich und köstlich kombiniert

3–4 PORTIONEN

FÜR DAS MÜSLI
250 g Buchweizen,
gekeimt
50 g Dinkel, gekeimt
80 g Mandeln, einge-
weicht und grob
gehackt
100 g weiße Maulbeeren
80 g Gojibeeren
je 50 g geschälte Hanf-
samen und Chiasamen
40 g Kakao-Nibs

FÜR DIE FRUCHTCREME
80 g Dattelpaste (S. 174)
2 Bananen
5 junge Brennnessel-
blätter
1 EL Carobpulver

2 TL Macapulver
4 Schisandrabeeren
je ½ TL Chlorella- und
Vanillepulver
¼ TL Kurkumapulver

AUSSERDEM
600–700 ml Nussmilch
nach Geschmack
(S. 166)
2 EL fein gehackter
Gundermann
1 EL fein gehackter
Koriander
1 Handvoll essbare Blü-
ten (z.B. Löwenzahn,
Gänseblümchen, Mal-
ven, Kleeblüten)
Süße nach Geschmack

Zubereitung: 15 Minuten • Trocknen: 8–12 Stunden

Für das Müsli alle Zutaten in eine große Schüssel füllen und vermengen.

Für die Fruchtcreme alle Zutaten im Mixer cremig mixen. Anschließend die Fruchtcreme in die Schüssel über das Müsli geben und per Hand unterheben.

Die Müslimasse ungleichmäßig auf einer Dörrfolie vertei-len und im Dörrautomaten bei 42 °C in 8–12 Stunden trocknen. Nach etwa 4 Stunden das Müsli wenden und die Dörrfolie entfernen.

Die Nussmilch in Schüsseln füllen und das Müsli darüber verteilen. Die Kräuter und Blüten über das Müsli geben und nach Geschmack süßen.

Frühstück

STICKY QUINOA-FLOWER-BAGS
Karibische Quinoa-Blüten-Taschen

10–15 PORTIONEN

10–15 Blätter Reispapier

FÜR DAS KOKOS-
QUINOA
160 g Quinoa, gekeimt
420 ml Kokosmilch
175 g feine Kokosraspel
1½ Bananen, püriert
1 TL Zitronensaft
1 Prise Salz

AUSSERDEM
10–15 essbare Blüten
(z.B. Ananassalbei, Mal-
ven, Gänseblümchen)
1 Handvoll Kräuter (z.B.
Basilikum, Koriander,
Ananassalbei)
3 Mangos, in Streifen
20 Erdbeeren, in feinen
Scheiben

Zubereitung: 30 Minuten

Jedes Reispapier-Blatt kurz in lauwarmes Wasser tauchen
und auf einer flachen Unterlage ausbreiten.

Für das Kokos-Quinoa alle Zutaten per Hand zu einem
klebrigen Teig verarbeiten.

Je eine Blüte und einige Kräuter dekorativ mit der Vorder-
seite nach unten in die Mitte des Reispapiers legen. Eine
Schicht Quinoamasse in runder oder quadratischer Form
(etwa ½ cm dick und schon grob in der Hand vorgeformt)
daraufgeben.

Einige Mangostreifen und Erdbeerscheiben darauflegen
und nochmals eine Schicht Kokos-Quinoa als Abschluss
über den Früchten verteilen.

Das Reispapier so einschlagen, dass die Tasche gut ver-
schlossen ist. Die fertigen Quinoa-Flower-Bags mit der
Naht nach unten auf einen flachen Teller legen.

SCRAMBLED NUTEGGS
Mandel-Sonnenblumen-Mix mit Tomaten

3 PORTIONEN

180 g Mandeln,
eingeweicht
150 g Sonnenblumen-
kerne, eingeweicht
50 g Pekannüsse, einge-
weicht
1 TL Kurkumapulver
¼ TL Salz
¼ TL frisch gemahlener
Pfeffer
2 Msp. frisch geriebene
Muskatnuss

AUSSERDEM
100 g Tomaten, fein
gewürfelt
je 2 EL fein gehackte
Petersilie und Schnitt-
lauch
einige Salatblätter nach
Geschmack

Zubereitung: 5–10 Minuten

Mandeln, Pekannüsse, Sonnenblumenkerne und die Gewürze in die Küchenmaschine geben und in Intervallen
hacken, bis die Masse eine fein gehackte Konsistenz erreicht.

Die Masse in eine Schüssel geben und die Tomatenwürfel
sowie die Kräuter untermengen.

Die Salatblätter als Salatbett auf drei Tellern ausbreiten
und die Nussmasse darauf anrichten.

Der beste Start in den Tag

Frühstück 39

SMOOTHLY YELLED
Löwenzahnsalat mit essbaren Blüten

1 PORTION

70 g Löwenzahn

FÜR DAS DRESSING
Saft von ½ Zitrone
2 TL geschroteter Leinsamen oder ganze Chiasamen

½ TL Birkenzucker/Xylitol oder 2 Msp. Steviapulver

ZUM GARNIEREN
Gänseblümchen, Butterblumen oder Malven
(je nach Saison)

Zubereitung: 5 Minuten • **Ruhen:** 20 Minuten

Für das Dressing alle Zutaten mit 3 EL Wasser mischen und etwa 20 Minuten quellen lassen.

Den Löwenzahn auf einem Teller anrichten und gut mit dem Dressing beträufeln. Mit einigen Blüten garnieren.

RABBITS GET NUTS
Karotten-Walnuss-Müsli

Frisch, köstlich und super schnell zubereitet. Auch hervorragend als Snack für unterwegs

3–4 PORTIONEN

450 g Karotten, fein geraspelt
1 Apfel, fein geraspelt
Saft von 1 Blutorange
Saft von ½ Zitrone

1 TL Leinöl
2–3 EL fein gehackte Petersilie
1 Handvoll Walnüsse, grob gehackt

Zubereitung: 5 Minuten • **Ruhen:** 10–15 Minuten

Alle Zutaten in einer großen Schüssel vermengen und einige Minuten durchziehen lassen, damit sich das Aroma entfalten kann. Zum Servieren auf zwei Teller verteilen.

CUCUMBER AND DILL TALKING
Dill-Gurke an rosa Pfefferbeeren

1–2 PORTIONEN

1 Gurke, in feinen Scheiben
½ Zucchini, in feinen Scheiben
1 Frühlingszwiebel, in feinen Scheiben
2–3 EL fein gehackter Dill

1 EL Lein- oder Hanföl
2 EL Apfelessig
1 TL Senf
Kristallsalz
frisch gemahlene rosa Pfefferbeeren

Zubereitung: 5 Minuten • **Ruhen:** 30 Minuten

Alle Zutaten in einer großen Schüssel mischen und etwa 30 Minuten durchziehen lassen, damit sich das Aroma entfalten kann.

Mit Salz und rosa Pfeffer abschmecken.

Frühstück 41

CALIFORNICATION
Grapefruit-Avocado-Mix

Die perfekte Erfrischung für warme Tage

2 PORTIONEN

2 pinkfarbene Grapefruits, in dünne Spalten geschnitten

1 Avocado, in dünne Spalten geschnitten
2 EL fein gehackte Petersilie

Zubereitung: 5 Minuten

Die Grapefruit- und Avocadospalten abwechselnd auf zwei Tellern anrichten.

Die Petersilie darüberstreuen.

SUMMER GREETINGS
Frischer Melonenteller

Im Sommer immer einer meiner Favoriten. Erfrischend süß, grün, entgiftend, oder auch einfach nur köstlich!

3–4 PORTIONEN

1 Cantaloupemelone, gewürfelt
1 Honigmelone, gewürfelt

2–3 EL fein gehacktes Koriandergrün

Zubereitung: 5 Minuten

Alle Zutaten in eine große Schüssel geben und per Hand vermengen.

Zum Servieren auf kleine Schüsseln verteilen.

SEASONAL DELICACY
Naturjoghurt mit frischen Früchten

2 PORTIONEN

300 g Naturjoghurt (S. 177)
Süße nach Belieben (z.B. Birkenzucker/Xylitol)
200 g Obst der Saison, geputzt und gewürfelt

2–3 EL gemischte, gehackte Kräuter (z.B. Gundermann, Basilikum, Koriander, Löwenzahn, Rosmarin, Taubnessel)
¼ TL Ceylonzimt (oder 2 Msp. Vanillepulver)

Zubereitung: 20 Minuten

Den Joghurt nach Grundrezept zubereiten.

Den Joghurt nach Belieben süßen, in zwei Schüsseln geben und mit dem Obst garnieren. Die Kräuter darüberstreuen. Mit Zimt (oder Vanille) bestreuen.

Frühstück

SMOOTH START-UP
Sanfte Birne

2 PORTIONEN

4 Birnen, gewürfelt
1 TL Zitronensaft

¼ TL Vanillepulver
4 EL fein gehackter Dill

Zubereitung: 5 Minuten

Alle Zutaten in eine Schüssel geben und per Hand vermengen.

In zwei kleinen Schüsseln servieren.

COLOURFUL THROUGH THE YEAR
Kunterbunter Salat-Gemüse-Mix

3 PORTIONEN

FÜR DEN SALAT
150 g Eichblattsalat
(oder Lollo Rosso)
50 g Rucola
40 g Feldsalat
30 g Vogelmiere, grob
geschnitten
30 g Postelein
20 g Gundermann
10 g Pimpinelle, fein
gehackt
5 g Ananassalbei, fein
gehackt
5 g rotes Basilikum, fein
gehackt
¼ Gurke, gewürfelt
¼ Zucchini, fein geraspelt
1 Karotte (oder Süßkartoffel), fein geraspelt
30 g Rote Bete, fein
geraspelt
1 Apfel, fein geraspelt
40 g Sprossen nach
Belieben (z.B. Alfalfa,
Mungobohnen, Linsen,
Brokkoli)

Gemüse der Saison
(z.B. Paprikaschote), in
feinen Streifen

FÜR DAS DRESSING
Saft von 1 Zitrone
Saft von 2 Orangen
2 EL Olivenöl
1 TL Leinöl
1 EL Brennnesselblätter
1 EL Spitz-, Breit- oder
Hirschhornwegerich
Salz
frisch gemahlener
Pfeffer

ZUM GARNIEREN
1 Handvoll gemischte
Nüsse und Samen nach
Belieben, eingeweicht
und grob gehackt
einige essbare Blüten
der Saison (z.B. Malve,
Gänseblümchen,
Holunder, Rosen,
Veilchen, Löwenzahn)

Zubereitung: 15 Minuten

Alle Zutaten für den Salat in eine große Schüssel geben und per Hand vorsichtig vermengen.

Für das Dressing alle Zutaten mit dem Mixstab pürieren. Mit Salz und Pfeffer abschmecken.

Den Salat auf Tellern anrichten, mit dem Dressing beträufeln und mit den gehackten Nüssen und Samen bestreuen. Mit den Blüten garnieren.

THE WILD WAY
Wilder Muntermacher

2 PORTIONEN

Zubereitung: 10–15 Minuten

FÜR DEN SALAT
175 g Feldsalat, gezupft
je 2–3 EL fein gehackter Koriander und Kerbel
100 g Fenchel, in feinen Scheiben
½ Gurke, fein gewürfelt
1 rote Zwiebel, in feinen Ringen
je 100 g Erdbeeren und Ananas, in mundgerechten Stücken
2 EL Pinienkerne

FÜR DAS DRESSING
2 Orangen
1 Zitrone
je 1 Handvoll Brennnessel- und Taubnesselblätter
5 Datteln
½ Avocado
100 ml Mandelmilch (S. 166)
½ Stange Sellerie
1 Msp. Cayennepfeffer
2 TL weißes Miso

ZUM GARNIEREN
Kresse- und Mungobohnensprossen
essbare Blüten der Saison

Alle Zutaten für den Salat auf zwei Tellern anrichten.

Für das Dressing alle Zutaten mit dem Mixstab zu einer cremigen Sauce pürieren.

Den Salat mit dem Dressing beträufeln und mit den Kresse- und Mungobohnensprossen garnieren.

Frühstück 45

FIT FOR THE DAY
Pfirsich-Mango-Tango

Gute Laune auf dem Teller, knackig und fruchtig: für einen perfekten Start in den Tag

2 PORTIONEN

FÜR DEN SALAT
150 g Eichblattsalat
50 g Rucola
je 1 EL fein gehackter
Ananassalbei, Korian-
der und rotes Basilikum
¼ Gurke, gewürfelt
1 Mango, in Streifen
1 Pfirsich, in Spalten
1 Handvoll Haselnüsse,
gehackt

FÜR DAS DRESSING
3 Pfirsiche
1 TL Leinöl
1 TL Macapulver
Saft von ½ Zitrone
2 EL Mandelmilch
(S. 166)
1 Msp. Steviapulver
3 Trockenaprikosen
(oder 2 Datteln)
1 Prise Salz
1 TL Chiasamen
¼ TL rosa Pfeffer

Zubereitung: 15 Minuten • **Ruhen:** 20 Minuten

Alle Zutaten für den Salat – mit Ausnahme der Mango, den Pfirsichspalten und der Haselnüsse – in eine große Schüssel geben und vermengen.

Für das Dressing alle Zutaten außer Chiasamen und rosa Pfeffer mit einem Mixstab cremig mixen. Anschließend die Chiasamen und den rosa Pfeffer unterheben und 20 Minuten quellen lassen.

Den Salat auf zwei Tellern anrichten und die Mangostreifen sowie die Pfirsichspalten darauf verteilen. Das Dressing über den Salat träufeln und die Haselnüsse darüberstreuen.

Tipp: Noch vitaminreicher wird das Gericht, wenn man den Salat mit einer Handvoll Alfalfa-Sprossen (oder Sprossen nach Wahl) bestreut.

Der beste Start in den Tag

Frühstück 47

KAPITEL **2**

Für den ganzen Tag:

SNACKS

POWER-TOWER
Tomaten-Algen-Türmchen

Macht Eindruck und schmeckt. So einfach lässt sich Gourmetküche auf die Teller zaubern.

2 PORTIONEN

4 mittelgroße Tomaten, in Scheiben
150 g Wakame, 15–20 Minuten eingeweicht
1 Bund Basilikum, Blätter abgezupft

100 g Macadamiakugeln (S. 52, zu größeren Kugeln geformt, gekühlt und in Scheiben geschnitten)
4 EL Olivenöl
Salz
frisch gemahlener Pfeffer

Zubereitung: 15 Minuten

Die einzelnen Zutaten abwechselnd auf vier Servierteller schichten: Tomatenscheiben, Wakame, Basilikum, Macadamiakugel-Scheiben, Basilikum. Diese Reihenfolge beibehalten und die Türme weiter aufschichten, bis alle Zutaten aufgebraucht sind.

Das Olivenöl darauf verteilen und mit Salz und Pfeffer bestreuen.

BE WILD
Panierte Zwiebelringe

Einfach genial, genial einfach und überall beliebt. Knabberspaß für alle!

SNACK FÜR BELIEBIG VIELE PERSONEN

3 Zwiebeln, in Ringe geschnitten

FÜR DIE MARINADE
100 ml Mandelmilch (S. 166)
150 g Mandelmehl (oder getrockneter Trester aus der Mandelmilchherstellung)

1 EL fein gehackte Petersilie
1 Knoblauchzehe, fein gehackt
½ TL Paprikapulver
¼ TL Cayennepfeffer
¼ TL Salz
1 TL Agavensirup (oder Birkenzucker/Xylitol)
1 TL Olivenöl

Zubereitung: 10 Minuten • **Marinieren:** 3 Stunden
Trocknen: 12–14 Stunden

Alle Zutaten für die Marinade verrühren und die Zwiebelringe darin etwa 3 Stunden marinieren.

Die marinierten Zwiebelringe abtropfen lassen, auf eine Dörrfolie legen und im Dörrautomaten bei 42 °C in 12–14 Stunden trocknen. Nach etwa 5 Stunden die Dörrfolie entfernen und die Ringe weiter trocknen, bis der gewünschte Trockengrad erreicht ist.

Snacks 51

MACADAMIA FANTASY
Bunte Macadamiakugeln

ETWA 20 KUGELN

FÜR DIE KUGELN
300 g Macadamianüsse, etwa 10 Stunden eingeweicht
1 TL Joghurtferment
3 TL Zitronensaft
3 TL Edelhefe (oder Senf)
2 TL Salz
2 Msp. frisch geriebene Muskatnuss

ZUM WÄLZEN
(nach Belieben)
Haselnüsse, gehackt
Mandeln, gehackt
weiße und schwarze Sesamsamen
Kräuter (z.B. Rosmarin, Dill, Petersilie, Oregano, Schnittlauch, Basilikum), fein gehackt
essbare Blüten

Zubereitung: 20 Minuten • **Ruhen:** 19 Stunden

Die Macadamianüsse mit 150 ml Wasser in den Hochleistungsmixer geben und zu einer feinen Creme verarbeiten. Dann das Joghurtferment einrühren. Die Masse in einen Nussmilchbeutel (oder ein Baumwolltuch) geben und gut verschnüren. Mit einem schweren Gegenstand beschweren, sodass die Flüssigkeit herausgepresst wird und abtropfen kann, und 18 Stunden bei Raumtemperatur stehen lassen.

Anschließend den Käseteig aus dem Nussmilchbeutel in eine Schüssel geben. Mit Zitronensaft, Edelhefe (oder Senf), Salz und Muskat vermengen. Damit die Kugeln sich besser formen lassen, den Teig für mindestens 1 Stunde in den Kühlschrank stellen.

Aus dem gekühlten Teig Kugeln mit knapp 2 cm Durchmesser formen und nach Belieben in Haselnüssen, Mandeln, Sesam, Kräutern oder essbaren Blüten wälzen. Die Kugeln im Kühlschrank lagern.

CheeZy CHAMPIGNONS
Überbackene Pilzchips

1 BLECH

400 g Champignons
etwa 100 ml Nama Shoyu (unpasteurisierte Sojasauce)

FÜR DIE SAUCE
½ Tasse Cashewkerne
1 große Karotte, in Stücken

1 Stück Ingwer (etwa 1 cm)
½ Stange Zitronengras (unterer Teil)

FÜR DIE STREUSEL
1 Handvoll Haselnusssplitter

Zubereitung: 15 Minuten • **Marinieren:** 1–2 Stunden
Trocknen: 20–28 Stunden

Die Champignons 1–2 Stunden in der Sojasauce marinieren.

Alle Zutaten für die Sauce mit ½ Tasse Wasser in den Hochleistungsmixer geben und zu einer feinen Creme verarbeiten. Bei Bedarf noch etwas Wasser hinzufügen.

Die Champignons abtropfen lassen und mit der Creme mischen. Auf einer Dörrfolie verteilen und die Haselnusssplitter über die Champignons streuen.

Die Pilze im Dörrautomaten bei 42 °C in 20–28 Stunden trocknen. Nach etwa 10 Stunden die Dörrfolie entfernen und weiter trocknen, bis die gewünschte Trockenstufe erreicht ist und die Champignons schön kross sind.

Snacks 53

CAULIFLOWER CHIPS
Blumenkohlchips

Immer ein guter Snack, warm oder kalt geknuspert ...

2 BLECHE

1 Kopf Blumenkohl, in Röschen geteilt
2–3 EL fein gehackte Petersilie
6 EL Kokosöl
1 TL Birkenzucker/Xylitol
1 EL weißes Miso

9 EL Edelhefe
2 EL Mandelmehl
rosa Pfeffer
Kristallsalz
Cayennepfeffer
Chilipulver
frisch geriebene Muskatnuss

Zubereitung: 10 Minuten • **Trocknen:** 12–16 Stunden

Alle Zutaten in einer großen Schüssel gut vermengen. Dann auf zwei Dörrfolien verteilen und im Dörrautomaten bei 42 °C in 12–16 Stunden trocknen.

Nach etwa 6 Stunden die Dörrfolien entfernen, damit die Chips besser trocknen können.

Tipp: Die Blumenkohlchips schmecken am besten frisch, wenn sie noch leicht warm und kross sind.

KALECHIPS IN VARIATIONS
Grünkohlchips-Variationen

So gut kann gesund sein: Power zum Knabbern

ETWA 3 BLECHE

3 Bund Grünkohl, in mundgerechten Stücken
1 Rezept Sour Cream (S. 174)
1 Rezept CheeZy Dip (S. 173)

FÜR DAS MEXICAN SPICE
100 g Tahin (Sesammus)
160 ml Karottensaft
2 TL Zitronensaft
2 rote Paprikaschoten, grob gewürfelt

2 Karotten, grob gewürfelt
1 Knoblauchzehe
1 Stück Chilischote (etwa 3 mm)
1 EL fein gehackter Oregano
1 TL Salz
¼ TL Cayennepfeffer
½ TL Kreuzkümmel, zerstoßen
½ TL frisch gemahlener weißer und schwarzer Pfeffer

Zubereitung: 20 Minuten • **Trocknen:** 12–16 Stunden

Alle Zutaten für das Mexican Spice in eine Schüssel geben und mit einem Mixstab zu einer cremigen Sauce verarbeiten.

Sour Cream und CheeZy in zwei weitere Schüsseln geben. Die Grünkohlstücke auf die drei Saucen verteilen und diese mit den Händen gut in das Gemüse einmassieren.

Den gewürzten Grünkohl auf drei Dörrfolien verteilen und im Dörrautomaten bei 42 °C in 12–16 Stunden trocknen. Nach etwa 6 Stunden die Dörrfolien entfernen und die Grünkohlchips weiter trocknen, bis der gewünschte Trockengrad erreicht ist.

54   Für den ganzen Tag

SEE RED
Feurige Tomatenchips

2 BLECHE

Zubereitung: 10 Minuten
Marinieren: 2 Stunden
Trocknen: 10–12 Stunden

700 g Tomaten, in Scheiben

FÜR DIE MARINADE
50 ml Olivenöl
2 TL Kristallsalz
2 TL Paprikapulver
1½ TL frisch gemahlener Pfeffer
¼ TL Cayennepfeffer
je 1–2 EL fein gehacktes Basilikum und Oregano

Die Zutaten für die Marinade gut miteinander verrühren. Die Tomaten in eine flache Schale geben, die Marinade gleichmäßig darüber verteilen und 2 Stunden marinieren.

Danach die Tomaten auf eine Dörrfolie legen und im Dörrautomaten bei 42 °C in 12–16 Stunden trocknen, bis der gewünschte Trockengrad erreicht ist. Nach etwa 6 Stunden die Dörrfolie entfernen und die Tomatenchips weiter dörren lassen.

NEVER ENOUGH
Süßsaure Sesam-Mandeln

1 BLECH

250 g Mandeln, eingeweicht

FÜR DIE SAUCE
80 ml Nama Shoyu (unpasteurisierte Sojasauce)
Saft von 2 Orangen
2 TL Zitronensaft
2 TL Leinöl

60 g Dattelpaste (S. 174)
1 Stück Ingwer (etwa 1 cm)
1 Knoblauchzehe
2 TL Kristallsalz

ZUM BESTREUEN
50 g helle Sesamsamen

Zubereitung: 10 Minuten • **Marinieren:** 6–8 Stunden
Trocknen: 12–16 Stunden

Alle Zutaten für die Sauce in den Mixer geben und zu einer homogenen Sauce vermixen.

Die Mandeln in eine Schüssel füllen, die Sauce darübergießen und die Mandeln 6–8 Stunden darin marinieren. Dann abtropfen lassen, auf einer Dörrfolie verteilen und die Sesamsamen darüberstreuen. Im Dörrautomaten bei 42 °C in 12–16 Stunden trocknen. Nach etwa 6 Stunden die Dörrfolie entfernen, damit die Mandeln besser trocknen.

POWER BALLS
Würzige Kräuter-Nuss-Kugeln

ETWA 30 KUGELN

FÜR DIE KUGELN
280 g Sonnenblumenkerne, gekeimt
1 Zucchini, grob gehackt
1 mittelgroße Karotte, grob gehackt
250 g Tomaten, gewürfelt
¼ Zwiebel, grob gehackt
3 Datteln, entsteint und eingeweicht
1 Stück Ingwer (etwa 1 cm)
1 Knoblauchzehe
2–3 EL fein gehacktes Basilikum
Saft von ½ Zitrone

2½ EL Edelhefe
½ TL Kristallsalz
¼ TL frisch gemahlener Pfeffer
2 Msp. frisch geriebene Muskatnuss
2 EL Olivenöl
1 EL Hanföl

ZUM WÄLZEN
(nach Belieben)
Haselnüsse, gehackt
Mandeln, gehackt
weiße und schwarze Sesamsamen
Kräuter (z.B. Dill, Petersilie, Oregano, Schnittlauch, Basilikum), fein gehackt

Zubereitung: 20 Minuten • **Trocknen:** etwa 16 Stunden

Alle Zutaten für die Kugeln in die Küchenmaschine geben und zu einem gleichmäßigen, druckfesten Teig verarbeiten.

Aus dem Teig Kugeln mit etwa 2 cm Durchmesser formen und jede Kugel nach Belieben in Haselnüssen, Mandeln, Sesam oder Kräutern wälzen.

Die Kugeln im Dörrautomaten bei 42 °C in etwa 16 Stunden trocknen, bis die gewünschte Konsistenz erreicht ist.

ENERGY BALLS
Bunte Energiekugeln

JE 25 DUNKLE & HELLE KUGELN

FÜR DUNKLE KUGELN
100 g Kakaobutter
100 g Cashewkerne
400 g Dattelpaste
(S. 174)
6 EL MaKao-Pulver
(Trinkschokolade; oder
Kakao-, Carobpulver)
1 Prise Salz

FÜR HELLE KUGELN
250 g Cashewkerne
180 g getrocknete helle
Maulbeeren, einge-
weicht (oder getrock-
nete Aprikosen, Mango,
Ananas, eingeweicht)
150 g Kokosflakes
60 ml Kokosmilch
1 Prise Salz

ZUM WÄLZEN
Kokosflakes, lila Mais-
mehl, Blütenflocken,
gehackte Nüsse, Bao-
babpulver etc., nach
Geschmack

Tipp: Zum Einfärben der hellen Kugeln eignen sich z.B. Rote-Bete-Saft, Chlorellapulver, Blaubeeren oder Karottensaft.

Zubereitung: 30 Minuten

Für die dunklen Kugeln die Kakaobutter und die Cashewkerne in den Hochleistungsmixer geben und zu einer feinen Creme verarbeiten. Diese in die Küchenmaschine geben und die restlichen Zutaten hinzufügen. Alles zu einem gleichmäßigen Teig vermengen. Den Teig zwischen den Handflächen zu Kugeln mit etwa 1½ cm Durchmesser formen.

Für die hellen Kugeln alle Zutaten in die Küchenmaschine geben und zu einem feinen Teig verarbeiten. Diesen ebenfalls zwischen den Handflächen zu Kugeln mit etwa 1½ cm Durchmesser formen.

Die dunklen und hellen Kugeln nach Geschmack in Kokosflakes, lila Maismehl, Blütenflocken, gehackten Nüssen oder Baobabpulver wälzen.

Snacks

ONIONBREAD GETS COLOUR
Bunte Zwiebelcracker

1–1½ BLECHE

1 rote Paprikaschote, grob zerkleinert

2 Zwiebeln, grob zerkleinert

100 g Karotten, grob zerkleinert

50 g Knollensellerie, grob zerkleinert

65 g Sonnenblumenkerne, gekeimt

90 g Chiasamen (oder Gold-Leinsamen)

1 Knoblauchzehe (nach Belieben)

1 orangefarbene Paprikaschote, fein gewürfelt

2–3 EL fein gehackte Petersilie

1½ TL Salz

2 TL schwarze Zwiebelsamen

1 Msp. Chilipulver

½ TL Korianderpulver

1 Msp. Cayennepfeffer

60 g Chiasamenmehl

AUSSERDEM

½ Zwiebel, in feine Ringe geschnitten

Zubereitung: 20 Minuten • **Trocknen:** 16–20 Stunden

Die rote Paprikaschote, Zwiebeln, Karotten, Sellerie, Sonnenblumenkeime, Chiasamen und den Knoblauch in der Küchenmaschine zu einem leicht groben, gleichmäßigen Teig verarbeiten.

Den Teig in eine große Schüssel füllen und die restlichen Zutaten per Hand sorgfältig unterheben.

Die Masse gleichmäßig 3–4 mm dick auf einer Dörrfolie ausstreichen, die Zwiebelringe darauflegen und ein wenig in den Teig hineindrücken. Im Dörrautomaten bei 42 °C in 16–20 Stunden trocknen, bis der gewünschte Trockengrad erreicht ist. Nach etwa 5 Stunden den Teig wenden und die Dörrfolie dabei entfernen. Zu den Zwiebelcrackern passt der Rote-Beete-Aufstrich von S. 62.

VITALITY BREAD
Vitalbrot

2 BROTLAIBE

FÜR DEN GRUNDTEIG

125 g Karotten, grob gewürfelt

150 g Süßkartoffeln, grob gewürfelt

1 Zwiebel, grob gewürfelt

je 300 g Buchweizen und Sonnenblumenkerne, gekeimt

90 g Chiasamen

45 g Chiagel (S. 176)

3 TL Salz

FÜR DEN BISS

50 g Süßkartoffeln, fein geraspelt

125 g Karotten, fein geraspelt

150 g Buchweizen, gekeimt

2–3 EL fein gehackte Petersilie

Zubereitung: 20 Minuten • **Trocknen:** 16–20 Stunden

Alle Zutaten für den Grundteig in eine Küchenmaschine geben und zu einem leicht groben, gleichmäßigen Teig verarbeiten. Diesen in eine große Schüssel füllen und die restlichen Zutaten, die für Biss sorgen, per Hand sorgfältig unterheben.

Aus dem Teig zwei Brotlaibe formen und auf eine Dörrfolie legen. Im Dörrautomaten bei 42 °C in etwa 4 Stunden trocknen. Dann das Brot in Scheiben schneiden, auf zwei Dörrfolien verteilen und weitere 5 Stunden trocknen. Nun das Brot mithilfe eines zweiten Backblechs wenden und die Dörrfolie entfernen. Das Brot weitere 7–11 Stunden trocknen, bis der gewünschte Trockengrad erreicht ist.

Für den ganzen Tag

Snacks 59

Für den ganzen Tag

GINGERBREAD GOES BANANA
Honigkuchen-Bananen-Brot

Wärmende Knabberei für die kalte Jahreszeit

1–1½ BLECHE

4 Bananen
100 g Buchweizen, gekeimt
6 EL Chiagel (S. 176)
1 EL Kokosöl, zerlassen

2 TL Lebkuchengewürz (siehe Tipp)
½ TL Vanillepulver
1 Prise Kristallsalz

Zubereitung: 20 Minuten • **Trocknen:** 12–16 Stunden

Die Hälfte des Buchweizens und alle übrigen Zutaten in die Küchenmaschine geben und zu einem leicht groben, gleichmäßigen Teig verarbeiten. In eine Schüssel geben und den restlichen Buchweizen per Hand unterheben.

Den Teig gleichmäßig 3–4 mm dick auf einer Dörrfolie ausstreichen und im Dörrautomaten bei 42 °C in 12–16 Stunden trocknen, bis der gewünschte Trockengrad erreicht ist. Nach etwa 5 Stunden den Teig wenden und die Dörrfolie dabei entfernen (s. Tipp S. 62).

Tipp: Lebkuchengewürz ist eine Mischung aus aromatischen Gewürzen wie Ceylonzimt, Piment, Anis, Nelken, Koriander, Ingwer, Orangenschale und Sternanis. Die Zusammensetzung des Lebkuchengewürzes kann je nach Hersteller etwas variieren.

VEGGIE CHRISTMAS BREAD
Weihnachtsbrot mit Gemüse

So kann Weihnachten kommen: Gemüse zum Anbeißen

1½ BLECHE

FÜR DEN GRUNDTEIG
140 g Karotten (oder Süßkartoffeln), grob gewürfelt
1 Zucchini, grob gewürfelt
2 mittelgroße Tomaten, geviertelt
1 Apfel, grob gewürfelt
80 g Buchweizen, gekeimt
40 g Chiamehl

4 Datteln, entsteint und eingeweicht
Saft von 1 Orange
½ TL Ceylonzimt
je 1 EL Stollengewürz, Carobpulver und Lucumapulver
1 Prise Salz

FÜR DEN BISS
1 Handvoll Gojibeeren
je 2–3 EL gehackte Haselnüsse und Mandeln

Zubereitung: 20 Minuten • **Trocknen:** 16–20 Stunden

Alle Zutaten für den Grundteig in die Küchenmaschine geben und zu einem gleichmäßigen Teig verarbeiten. Diesen in eine große Schüssel geben. Gojibeeren, Haselnüsse und Mandeln hinzufügen und per Hand unterheben.

Den Teig gleichmäßig etwa 3–4 mm dick auf einer Dörrfolie ausstreichen. Dann im Dörrautomaten bei 42 °C in 16–20 Stunden trocknen (beziehungsweise bis der gewünschte Trockengrad erreicht ist). Nach etwa 6 Stunden den Teig wenden und die Dörrfolie dabei entfernen (s. Tipp S. 62).

BEETROOT MEETS HORSERADISH
Rote-Bete-Meerrettich-Aufstrich

ETWA 15 PORTIONEN

110 g Rote Bete, geschält und grob gehackt
4 Äpfel, grob gewürfelt
20 g Meerrettich, geschält und grob gehackt
175 g Sonnenblumenkerne, gekeimt

100 ml Mandelmilch (S. 166)
2 EL Mandelmus
Saft von ½ Zitrone
¼ TL frisch gemahlener Pfeffer
½ TL Kristallsalz

Zubereitung: 10 Minuten

Alle Zutaten in die Küchenmaschine geben und zu einem feinen Aufstrich verarbeiten.

MUSHROOMBREAD
Pilzbrot

2 BLECHE

FÜR DEN TEIG
100 g Buchweizen, gekeimt
100 g Champignons, grob gewürfelt
2 Stangen Sellerie, grob gewürfelt
2 kleine Zwiebeln, grob gewürfelt
1 Zucchini, grob gewürfelt
2 ½ Paprikaschoten (rot und orange), grob gewürfelt

100 g Chiamehl
2 EL Nama Shoyu (unpasteurisierte Soyasauce)
½ TL Cayennepfeffer
je 2–3 EL fein gehackter Oregano, Petersilie und Basilikum

FÜR DEN BELAG
150 g Champignons, in feinen Scheiben
½ Zwiebel, in feinen Ringen

Zubereitung: 20 Minuten • Trocknen: 16–20 Stunden

Alle Zutaten für den Teig mit Ausnahme der Kräuter in die Küchenmaschine geben und zu einem leicht groben, gleichmäßigen Teig verarbeiten. Diesen in eine große Schüssel geben, die gehackten Kräuter hinzufügen und per Hand unterheben.

Den Teig gleichmäßig 3–4 mm dick auf einer Dörrfolie ausstreichen. Die Champignonscheiben und Zwiebelringe dekorativ auf den Teig legen und leicht andrücken.

Das Pilzbrot im Dörrautomaten bei 42 °C in 16–20 Stunden trocknen, bis der gewünschte Trockengrad erreicht ist. Nach etwa 7 Stunden den Teig wenden und die Dörrfolie dabei entfernen (s. Tipp).

Tipp: Zum Wenden des Dörrguts ist ein zweites Blech sehr praktisch: Dieses auf den gedörrten Teig legen und das Ganze wenden, sodass der Teig nun auf dem zweiten Blech liegt. Das erste Blech mitsamt der Dörrfolie abheben.

BE TOMATOE
Cremige Tomatensuppe

2–3 PORTIONEN

FÜR DIE SUPPE
640 g Tomaten
80 g getrocknete Tomaten, eingeweicht
3 Datteln, entsteint und eingeweicht
¼ mittelgroße Zwiebel
10 g Knollensellerie
1 Knoblauchzehe
2 EL Mandelmus
1 TL Paprikapulver
1½ TL Kakao- oder Carobpulver
Salz
frisch gemahlener Pfeffer
frisch geriebene Muskatnuss (nach Belieben)

ZUM GARNIEREN
Basilikumblätter

Zubereitung: 10 Minuten

Alle Zutaten für die Suppe in den Hochleistungsmixer geben und feincremig pürieren.

Die Suppe in Tassen schöpfen und mit Basilikum garnieren. Mit Pilzbrot (Rezept linke Seite) servieren.

Snacks

ALMOND TOAST
Mandeltoast

Perfekt für den kleinen und großen Hunger zwischen-durch, ob süß oder herzhaft belegt

ETWA 8 TOASTS

200 g Mandeln, einge-weicht
500 g Mandeltrester (aus der Mandelmilch-herstellung, S. 166)
100 g Chiamehl (oder Leinsamenmehl)

50 ml frischer Orangen-saft
50 ml Karottensaft
50 ml Mandelmilch (S. 166)
1 Prise Kristallsalz

Zubereitung: 20 Minuten • **Trocknen:** 18–22 Stunden

Alle Zutaten in die Küchenmaschine geben und zu einem gleichmäßigen Teig verarbeiten.

Etwa acht Toastscheiben aus dem Teig formen und auf eine Dörrfolie legen. Im Dörrautomaten bei 42 °C in 18–22 Stunden trocknen, bis der gewünschte Trockengrad erreicht ist. Nach etwa 6 Stunden die Toasts wenden und die Dörrfolie dabei entfernen (s. Tipp S. 66).

Tipp: Diese Toasts sind neutral im Geschmack, sodass sie zu Aufstrichen aller Art passen. Wenn aber bereits im Vorfeld feststeht, ob der Aufstrich süß oder herzhaft sein soll, kann man die Toasts durch Zugabe von Trockenfrüchten, Kräutern oder Gewürzen anpassen.

CREAMY NUT LOVE
NuTella

Cremig, nussig, und für alle Leckermäuler ein Muss. Als Muntermacher und Seelenstreichler ...

ETWA 620 G

260 g Cashewkerne
90 g Haselnüsse
80 g Kokosblütenzucker
60 g Kakaobutter, zerlassen
40 ml Mandelöl
30 g Mandelmus

30 g Kakaopulver (oder MaKao-Pulver/Trink-schokolade)
2 EL Carobpulver
1 TL Vanillepulver
¼ TL Sonnenblumen-lezithin
1 Prise Kristallsalz

Zubereitung: 10 Minuten

Alle Zutaten in den Hochleistungsmixer geben und zu einem feinen Aufstrich verarbeiten.

Tipp: Damit sich die Zutaten beim Verarbeiten nicht zu sehr erhitzen, eventuell eine kurze Pause einlegen und nach dem Abkühlen weitermixen. Den Aufstrich vor dem Verzehr auf Raumtemperatur abkühlen lassen.

MEDITERRAN CHIASEED CRACKER
Mediterrane Chiasamencracker

1–1½ BLECHE

150 g ganze Chiasamen
100 g Chiasamen, geschrotet
100 g Tomaten, grob gewürfelt
80 g sonnengetrocknete Tomaten, eingeweicht und grob gehackt
je 1 Zucchini, Karotte und rote Paprikaschote, grob gehackt
2 Knoblauchzehen
½ Chilischote
3 TL Oregano
je 1 Handvoll Basilikum und Majoran
1 TL Kristallsalz
1 Msp. Cayennepfeffer

Zubereitung: 20 Minuten • **Trocknen:** 16–20 Stunden

Alle Zutaten außer den Chiasamen in der Küchenmaschine zu einem leicht groben, gleichmäßigen Teig verarbeiten.

In den Teig die Chiasamen per Hand gut einarbeiten. Dann eine gleichmäßig dicke (etwa 3–4 mm) Teigplatte auf einer Dörrfolie ausstreichen und im Dörrautomaten bei 42 °C in 16–20 Stunden trocknen, bis der gewünschte Trockengrad erreicht ist. Nach etwa 5 Stunden den Teig wenden und die Dörrfolie dabei entfernen (s. Tipp S. 62).

SESAME DILL CRACKER
Sesam-Dill-Cracker

1 BLECH

750 g Butternusskürbis, grob gewürfelt
3 Karotten, grob gewürfelt
½ Stange Sellerie, grob gewürfelt
½ Zwiebel, grob gewürfelt
5 EL grob gehackter Dill
60 g Chiasamenmehl (oder Leinsamenmehl)
80 g Sesamsamen
2 Datteln, entsteint und eingeweicht
1 Msp. Cayennepfeffer
1 TL weißes Miso (oder 1 TL Kristallsalz)
100 g Chiasamen (oder Gold-Leinsamen)

Zubereitung: 20 Minuten • **Trocknen:** 16–20 Stunden

Alle Zutaten mit Ausnahme der Chiasamen in die Küchenmaschine geben und zu einem leicht groben, gleichmäßigen Teig verarbeiten. Dann in eine Schüssel füllen und die Chiasamen per Hand in den Teig einarbeiten.

Den Teig gleichmäßig 3–4 mm dick auf einer Dörrfolie ausstreichen und wie oben trocknen, bis der gewünschte Trockengrad erreicht ist.

MONKEY DREAMS
Bananen-Carob-Cracker

1 BLECH

4 Bananen
80 g Carobpulver
100 g Buchweizen, gekeimt
40 g Rosinen, eingeweicht (oder Dattelpaste, S. 174)
6 EL Chiagel (S. 176)
½ TL Vanillepulver
1 EL Kokosöl
1 Prise Salz

Zubereitung: 20 Minuten • **Trocknen:** 16–20 Stunden

Die Hälfte des gekeimten Buchweizens und alle übrigen Zutaten in der Küchenmaschine zu einem gleichmäßigen Teig verarbeiten. Den restlichen Buchweizen dazugeben und per Hand vermengen.

Den Teig gleichmäßig (etwa 3–4 mm dick) auf einer Dörrfolie ausstreichen und wie oben trocknen, bis der gewünschte Trockengrad erreicht ist.

Für den ganzen Tag

APPLE-CHERRY-COOKIES
Apfel-Kirsch-Cookies

ETWA 15 COOKIES

Zubereitung: 20 Minuten
Trocknen: 18–22 Stunden

FÜR DEN GRUNDTEIG
200 g Dinkel, gekeimt
80 ml Apfelsaft
2 Bananen
1 Apfel, grob gewürfelt
1 TL Zitronensaft
1 TL Vanillepulver
1 Prise Salz

FÜR DEN BISS
200 g Kirschen, entsteint und geviertelt
200 g Haferflocken
2 Äpfel, fein geraspelt
60 g Kakao-Nibs
20 g wilde Rauke oder Rucola, fein gehackt

Alle Zutaten für den Grundteig in der Küchenmaschine zu einem gleichmäßigen Teig verarbeiten. Dazu Kirschen, Haferflocken, Äpfel, Kakao-Nibs und Rauke in einer großen Schüssel per Hand unterheben.

Aus dem Teig Cookies mit einem Durchmesser von 5–6 cm formen und auf eine Dörrfolie legen. Im Dörrautomaten bei 42 °C in 18–22 Stunden trocknen, bis der gewünschte Trockengrad erreicht ist. Nach etwa 6 Stunden die Cookies wenden und die Dörrfolie dabei entfernen.

Tipp: Die Apfel-Kirsch-Cookies sind nicht süß. Wer sie süßer mag, kann Rosinen oder Dattelpaste unter den Teig mischen. Oder dazu einen süßen Fruchtaufstrich probieren.

Snacks 67

STRAWBERRY-VANILLA-SWIRLS
Erdbeer-Vanille-Fruchtstangen

5 STANGEN

FÜR DAS ERDBEERMUS
300 g Erdbeeren
3 Bananen
5 Datteln, entsteint und eingeweicht
2 TL Açaipulver
2 EL Flohsamenschalen
1 TL Zitronensaft
1 Msp. Vanillepulver

FÜR DIE VANILLE-CREME
6 Bananen
1 Mango
3 TL Lucumapulver
2 EL Flohsamenschalen
1 TL Zitronensaft
½ TL Vanillepulver

Zubereitung: 10 Minuten • **Trocknen:** 10–16 Stunden

Alle Zutaten für das Erdbeermus mit dem Mixstab zu einem feinen Fruchtmus verarbeiten. Ebenso alle Zutaten für die Vanillecreme cremig mixen. Beides in etwa 10 Minuten andicken lassen.

Erdbeermus und Vanillecreme zu je fünf gleich langen, fingerdicken Rollen auf einer Dörrfolie ausrollen und im Dörrautomaten bei 42 °C in 12–16 Stunden trocknen. Nach etwa 8 Stunden die Dörrfolie entfernen und die Rollen weiter trocknen, bis eine feste und leicht klebrige Konsistenz erreicht ist.

Anschließend je eine Erdbeer- und Vanillestange an einem Ende zusammenlegen und zum anderen Ende hin ineinander verdrehen. Die so entstandenen Swirls können nach Belieben in der Länge variiert werden.

LOVE BOATS
Erdbeer-Basilikum-Schiffchen auf Blaubeerspiegel

20 SCHIFFCHEN

FÜR DIE SCHIFFCHEN
20 Erdbeeren
20 Basilikumblätter

FÜR DEN BLAUBEER-SPIEGEL
200 g Blaubeeren
2 EL Kokosmus
1 TL Zitronensaft
1 gestr. EL lila Maismehl
1 Msp. Vanillepulver

Zubereitung: 10 Minuten

Alle Zutaten für den Blaubeerspiegel mit dem Mixstab zu einer feinen Creme verarbeiten.

Die Blaubeercreme auf einem flachen Teller verstreichen und die Basilikumblätter mit der Wölbung nach unten wie kleine Schiffchen darauf verteilen. In jedes Basilikumblatt eine Erdbeere legen.

COLOUR ME, MACAROONS
Regenbogen-Makronen

ETWA 25 MAKRONEN

Zubereitung: 40 Minuten

FÜR DEN MAKRONEN-TEIG
150 g Cashewkerne
150 g Kokosmehl
150 ml Agavensirup
3 EL feine Kokosflakes
2 TL Lucumapulver
1 Prise Salz

ZUM FÄRBEN (optional)
Rote-Bete-Saft (rot)
Himbeersaft (pink)
Chlorellapulver (grün; sparsam verwenden!)
Blaubeeren (lila)
Açaipulver (lila)
Kakaopulver (braun)
Mangosaft (gelb)

FÜR DIE FÜLLUNG
1 Rezept Cashewsahne (S. 169), gut gekühlt

Für den Makronen-Teig die Cashewkerne in die Küchenmaschine geben und zu einem feinen Mehl verarbeiten. Dann die restlichen Zutaten hinzufügen und zu einem gleichmäßigen Teig vermengen. Den Teig in drei Portionen teilen und jede Portion nach Belieben färben.

Den Makronen-Teig in den Handinnenflächen zu insgesamt etwa 50 kleinen Scheiben formen, die auf einer Seite flach sind, auf der anderen Seite eine leichte Wölbung nach außen aufweisen. Auf die glatte Seite einer Makrone 1 TL Cashewsahne geben und eine zweite Makrone ebenfalls mit der flachen Seite darauflegen. Die restlichen Makronen auf dieselbe Weise füllen.

Snacks 69

KAPITEL 3

Einfach frisch:

SMOOTHIES

COOL DOWN
Sanfter Walnusskaffee

1 PORTION

250 ml Walnussmilch (S. 166)
1 TL Reishipulver
½ TL Lucumapulver

2–3 TL Süße nach Geschmack (z.B. Datteln, Birkenzucker/Xylitol, Agavensirup)

Zubereitung: **5 Minuten**

Alle Zutaten in den Mixer geben und leicht cremig mixen. Nach Belieben mit Eiswürfeln servieren.

ENERGY BOOSTER
Aromatische Mandelmilch

2 PORTIONEN

450 ml Mandelmilch (S. 166)
5 Datteln, entsteint und eingeweicht
12 Blätter Indisches Basilikum (s. Tipp)

4 TL Kakaopulver (oder MaKao-Pulver/Trinkschokolade)
1 TL Carobpulver
¼ TL Ceylonzimt

Zubereitung: **5 Minuten**

Alle Zutaten in den Mixer geben und leicht cremig mixen.

Tipp: Wenn kein frisches Indisches Basilikum (auch Heiliges Basilikum oder Tulsi-Basilikum genannt) erhältlich ist, alternativ einfach 1 gestr. TL Indisches-Basilikum-Pulver verwenden.

MAKAO SUPERHERO
Mandelmilch-Shake

1 PORTION

250 ml Mandelmilch (S. 166, oder Kokosmilch)
2 TL MaKao-Pulver (Trinkschokolade)

Süße nach Belieben (z.B. Datteln, Birkenzucker/ Xylitol, Agavensirup)

Zubereitung: **5 Minuten**

Alle Zutaten in den Mixer geben und leicht cremig mixen. Nach Belieben mit Eiswürfeln servieren.

Smoothies 73

SPICED CINNAMON LATTE
Mandelmilch-Gewürztee

2 PORTIONEN

450 ml Mandelmilch
(S. 166)
4 Datteln, entsteint
und eingeweicht
2 TL Carobpulver
½ TL Lucumapulver
¼ TL Ceylonzimt
1 Msp. Sternanis

je 2 Msp. frisch geriebene Muskatnuss,
Vanillepulver und Süßholzpulver
je 2 Msp. frisch gemahlener schwarzer Pfeffer
und Cayennepfeffer
1 Nelke

Zubereitung: **5 Minuten**

Alle Zutaten in den Mixer geben und leicht cremig mixen.

Tipp: Alternativ kann man etwa 1 ½ TL Kakao- oder MaKaopulver hinzufügen.

ICED MERENGADA DE ORINOCO
Geeister Smoothie à la Merengada

2 PORTIONEN

200 ml Nussmilch
(S. 166)
2 tiefgekühlte Bananen
3 EL Hanfproteinpulver
1 TL Zitronensaft
½ TL Ceylonzimt

AUSSERDEM
Süße nach Geschmack
(z.B. Datteln, Birkenzucker/Xylitol)
Zimt zum Bestreuen

Zubereitung: **10 Minuten** • Ruhen: **1 Stunde**

Alle Zutaten in den Mixer geben und zu einem cremigen Smoothie mixen. Nach Belieben süßen, dann in Gläser füllen und für etwa 1 Stunde ins Gefrierfach stellen. Mit Zimt bestreut servieren.

MIXED SMOOTHIE
Sommer-Colada

3 PORTIONEN

150 ml Kokosmilch
(oder Fruchtfleisch
und Wasser von
½ Kokosnuss)
100 ml Kokoswasser
200 g Erdbeeren
200 g Kirschen,
entsteint
3 Datteln, entsteint
und eingeweicht

2 Orangen
Saft von ½ Zitrone
2 TL Baobabpulver
1 TL Macapulver
¼ TL Vanillepulver

ZUM GARNIEREN
2–3 EL fein gehacktes
Basilikum oder Minze

Zubereitung: **5 Minuten**

Alle Zutaten in den Mixer geben und zu einem cremigen Smoothie vermixen. Auf drei Gläser verteilen und mit den gehackten Kräutern bestreuen.

Tipp: Verwendet man tiefgekühlte Früchte, dann schmeckt der Smoothie besonders erfrischend.

Einfach frisch

Smoothies 75

PINK LADY
Rote-Bete-Apfel-Saft

2–3 PORTIONEN

200 g Rote Bete, geschält
6 Äpfel

1 Stück Ingwer (etwa 1 cm)

Zubereitung: **5 Minuten**

Alle Zutaten mit einem Entsafter entsaften und die Säfte gut vermischen.

Tipp: Rote Bete ist ein wichtiger Eisenlieferant – der ideale Saft für den richtigen Energieschub.

VIRGIN STRAWBERRY DAIQUIRI
Sanfte Erdbeere

2 PORTIONEN

300 g tiefgekühlte Erdbeeren
Saft von 1 Orange
Saft von ½ Zitrone
5 Datteln, entsteint und eingeweicht

1 Msp. Vanillepulver
100 ml Kokosmilch (oder 3 EL Mandelmus)
10 Blätter frische Minze (nach Belieben)

Zubereitung: **5 Minuten**

Alle Zutaten in den Mixer geben und cremig mixen. So viel Wasser hinzufügen, bis die gewünschte Konsistenz erreicht ist.

BE SPICED
Karotten-Ingwer-Saft

2–3 PORTIONEN

400 g Karotten
3 Äpfel
½ Stange Sellerie

1 Stück Ingwer (etwa 2 cm)
¼ TL Ceylonzimt (nach Belieben)

Zubereitung: **5 Minuten**

Karotten, Äpfel, Sellerie und Ingwer mit einem Entsafter entsaften und die Säfte gut vermischen. Nach Belieben mit Zimt abschmecken.

SUN IN YOUR HEART
Orangen-Ananas-Smoothie

Mit Sonne im Herzen geht alles leichter. Eine Auszeit mit diesem Smoothie gibt viel Energie.

3 PORTIONEN

2 Orangen
1 Mango
¼ Ananas
200 g grüne Trauben
½ Zitrone
2 TL Gerstengraspulver
(oder 1 Handvoll Feldsalat bzw. frischer Gerstengrassaft)

1 TL Macapulver
¼ TL Vanillepulver

ZUM GARNIEREN
frische Fruchtscheiben
nach Belieben

Zubereitung: 5 Minuten

Alle Zutaten in den Mixer geben und zu einem cremigen Smoothie mixen.

Auf drei Gläser verteilen und jeweils mit einer frischen Fruchtscheibe am Glasrand garnieren.

MELONSTAR
Smoothie mit Melone und Gurke

Gibt dem Körper viel Flüssigkeit und gleicht aus. Erfrischt und macht fit für neue Aufgaben.

3 PORTIONEN

¾ Gurke
2 Stangen Sellerie
1 Handvoll Mungobohnensprossen
1 Honigmelone, gewürfelt
50 g Feldsalat
3 Datteln, entsteint und eingeweicht (oder 1 Msp. Steviapulver)

1 TL Macapulver
1 TL Leinöl
1 TL Kokosmus

AUSSERDEM
1 EL Chiasamen (nach Belieben)

Zubereitung: 5 Minuten

Die Gurke, den Stangensellerie und die Mungobohnensprossen entsaften.

Den Saft zusammen mit den restlichen Zutaten im Mixer zu einem cremigen Smoothie mixen.

Nach Belieben die Chiasamen unterrühren und etwa 15 Minuten stehen lassen. Den Smoothie nochmals durchrühren und leicht gekühlt servieren.

Tipp: Anstelle der Chiasamen können auch 2 EL Chiagel (S. 176) untergemixt werden. Dann entfallen auch die 15 Minuten Ruhezeit.

Smoothies   77

BE BALANCED
Grüne Oase

Eine kleine Auszeit, um durchzuatmen und wieder die Balance zu finden.

2 PORTIONEN

500 g Brokkoli
½ Gurke
2 Stangen Sellerie

1 Kiwi
1 Birne

Zubereitung: **5 Minuten**

Den Brokkoli, die Gurke und den Sellerie in einem Entsafter entsaften. Den Saft mit der Kiwi und der Birne in den Mixer geben und cremig mixen.

REISHI LATTE
Reishi mit Mandelmilch

Ein Leuchtfeuer für den Körper und einer meiner absoluten Favoriten.

1 PORTION

250 ml Mandel- oder Paranussmilch (S. 166, oder Kokosmilch)
1½ TL Lucumapulver
¾ TL Reishipulver

Süße nach Belieben (z.B. Datteln, Birkenzucker/ Xylitol, Agavensirup)

Zubereitung: **5 Minuten**

Alle Zutaten in den Mixer geben und leicht cremig mixen. Nach Belieben mit Eiswürfeln servieren.

Smoothies 79

CHERRY KISSES BANANA
Klassischer KiBa

2 PORTIONEN

350–400 g Kirschen
3 Datteln, entsteint und
eingeweicht

3 Bananen
2 TL Zitronensaft
¼ TL Ceylonzimt

Zubereitung: **10 Minuten**

Die Kirschen entsaften und den Kirschsaft zusammen mit
den Datteln im Mixer mixen. Dann in ein Glasgefäß um-
füllen.

Die restlichen Zutaten mit 100 ml Wasser ebenfalls im
Mixer mixen. Den Bananensmoothie auf zwei Gläser verteilen, dann mit dem Kirsch-Dattel-Saft auffüllen.

ICED BANANA
Bananen-Smoothie

2 PORTIONEN

3 tiefgekühlte Bananen
100 ml Mandelmilch
(S. 166)

10 Eiswürfel
¼ TL Vanillepulver
¼ TL Ceylonzimt

Zubereitung: **5 Minuten**

Alle Zutaten in den Mixer geben und zu einem cremigen
Smoothie mixen. So lange mixen, bis die Eiswürfel vollständig aufgelöst sind.

Tipp: Sollten gerade keine tiefgekühlten Bananen zur
Hand sein, kann die Mandelmilch mit etwa 2 TL Mandelmus
und zusätzlich 10 Eiswürfeln ersetzt werden.

FEELING AT HOME
Mix aus Gartenfrüchten

2 PORTIONEN

5 Äpfel
1 Quitte, Kerngehäuse
entfernt

½ Gurke
½ Zitrone

Zubereitung: **10 Minuten**

Alle Zutaten etwas zerkleinern und entsaften, dann den
Saft gut verrühren.

Tipp: Der Quittensaft trennt sich schnell vom übrigen Saft.
Servieren Sie das Getränk daher mit einem Stäbchen oder
Strohhalm im Glas, um zwischendurch umrühren zu können.

MANGO-LASSI

2 PORTIONEN

Zubereitung: **5 Minuten**

1 Mango, grob zerkleinert
Saft von ½ Zitrone
Saft von 1 Orange
2 Datteln, entsteint und eingeweicht
(oder 1 Msp. Steviapulver)
10 Blätter Ananassalbei
1 TL Tahin (Sesammus)
1 TL Kokosmus
1 Stück Ingwer (etwa ½ cm)
1 Msp. Ceylonzimt
1 Msp. Vanillepulver
1 Prise Kristallsalz

AUSSERDEM
1 EL Chiagel (S. 176)

Alle Zutaten in den Mixer geben und cremig mixen. So viel Wasser hinzufügen, bis die gewünschte Konsistenz erreicht ist. Zum Schluss das Chiagel unterrühren.

Tipp: Das Kokosmus kann, sollte es sehr hart sein, vorher im Dörrautomaten oder auf dem Wasserbad geschmolzen werden.

Smoothies

82   Einfach frisch

MOJITO

2 PORTIONEN

200 ml Mineralwasser mit Kohlensäure
200 g Eiswürfel
20 Minzeblätter

4 Limetten, in Scheiben und halbiert
6 TL Birkenzucker/Xylitol (oder Kokosblütenzucker)

Zubereitung: **5 Minuten**

Alle Zutaten auf zwei Gläser verteilen und kurz verrühren.

TIME TO RELAX
Entspannender Kräuteraufguss

2 PORTIONEN

20 Blätter frische Kräuter (z.B. Ananassalbei, Basilikum, Rosmarin, Salbei, Jiaogulan, Löwenzahn, Taubnessel, Lavendel, Malve)
Saft von 1 Zitrone

Süße nach Geschmack (z.B. Birkenzucker/Xylitol, Agavensirup, Apfelsaft)

Zubereitung: **5 Minuten** • Ruhen: **3–8 Stunden**

480 ml lauwarmes Wasser (40 °C) mit den Kräutern und dem Zitronensaft in ein Glasgefäß geben und 3–8 Stunden an einem warmen Ort stehen lassen. Je länger die Ziehzeit, desto intensiver wird der Aufguss!

Den Kräuteraufguss auf zwei Gläser verteilen, nach Geschmack süßen und nach Belieben warm oder mit Eiswürfeln servieren.

COOL OFF
Pfefferminztee mit Pinienkernen

2 PORTIONEN

15 Pfefferminzblätter
2 TL Pinienkerne

Süße nach Geschmack (z.B. Birkenzucker/Xylitol, Agavensirup)

Zubereitung: **3 Minuten** • Ruhen: **etwa 3 Stunden**

450 ml lauwarmes Wasser (etwa 40 °C) mit den Pfefferminzblättern in ein Glasgefäß geben und in die Sonne stellen oder warm halten. Etwa 3 Stunden ziehen lassen, damit die Pfefferminze ihr Aroma abgeben kann.

Dann die Pinienkerne auf zwei Gläser verteilen und mit dem abgeseihten Pfefferminztee aufgießen. Den Tee nach Geschmack süßen und nach Belieben warm oder mit Eiswürfeln servieren.

Smoothies

SUNNY SIDE UP
Sommerfrucht-Smoothie

Den Sommer genießen, Vitamine und gute Laune tanken mit einem Hauch Karibik. Was gibt es Schöneres?

3 PORTIONEN

½ Ananas
2 Orangen
1 Banane

4 Aprikosen
250 ml Kokoswasser

Zubereitung: **5 Minuten**

Alle Zutaten in den Mixer geben und zu einem cremigen Smoothie mixen. So viel Wasser hinzufügen, bis die gewünschte Konsistenz erreicht ist.

GET THE VIBE
Grüner Vitamincocktail

2 PORTIONEN

½ Gurke
2 Pak-Choi
200 g Brokkoli
3 Birnen

2 Handvoll Salbei
1 Handvoll Basilikum
1 Bund Koriander

Zubereitung: **10 Minuten**

Alle Zutaten im Entsafter entsaften und den Saft gut verrühren. Auf zwei Gläser verteilen.

DELICIOUS CLENSE
Gurken-Grünkohl-Mix

Detox und Vitaminpower pur: Lässt den Körper aufatmen.

2–3 PORTIONEN

1 Gurke
1 Handvoll Grünkohl
(oder Rotkohl, Gersten-gras, Weizengras)
1 Handvoll Petersilie

2 Äpfel (oder ¼ Ananas)
2 Stangen Sellerie
1 unbehandelte Zitrone
1 Stück Ingwer (etwa
2 cm)

Zubereitung: **10 Minuten**

Alle Zutaten etwas zerkleinern und entsaften. Den Saft gut mischen und auf zwei oder drei Gläser verteilen.

Smoothies 85

GREEN IS MY NAME
Apfel-Gurken-Kräuter-Saft

Immunbooster für die kühle Jahreszeit mit Sucht-faktor. Genuss und maximale Erfrischung garantiert!

2 PORTIONEN

5 Äpfel
1 Fenchel
¼ Gurke

3 Zweige Dill oder
Petersilie
1 TL Chlorellapulver

Zubereitung: **10 Minuten**

Äpfel, Fenchel und Gurke etwas zerkleinern und zusammen mit Dill oder Petersilie entsaften. Den Saft verrühren, dann das Chlorellapulver gut unterrühren, bis es vollständig aufgelöst ist.

Tipp: Das Chlorellapulver trennt sich schnell vom übrigen Saft. Servieren Sie das Getränk daher mit einem Stäbchen oder Strohhalm im Glas, um zwischendurch umrühren zu können.

MacaFeé
Maca-Aufguss

MacaFeé kitzelt den Gaumen mit seiner leicht rauchig-würzigen Note und gibt neue Konzentration.

2 PORTIONEN

2–3 TL Macaraspel

Süße nach Geschmack
(z.B. Datteln, Birkenzu-cker/Xylitol)

Zubereitung: **10–15 Minuten**

Die Macaraspel mit 500 ml lauwarmem Wasser (etwa 42 °C) in ein Glasgefäß geben und mindestens 10 Minuten ziehen lassen. Dann nach Belieben süßen.

Tipp: Die Raspel können mitgetrunken oder auch abgeseiht und z.B. Kuchenböden, Energiekugeln (S. 57) oder Salaten beigegeben werden. Zum Wegwerfen sind sie zu schade. Dem MacaFeé schadet es nicht, wenn er lange zieht: Man kann ihn bereits am Vorabend aufsetzen und am nächsten Morgen mit etwas lauwarmem Wasser anwärmen und genießen. Nussmilch (S. 166) verfeinert ihn zusätzlich, im Sommer schmeckt er mit Eiswürfeln besonders gut.

Einfach frisch

TAKE IT GREEN
Bananen-Dattel-Smoothie mit Chlorella

Versorgt den Körper perfekt und sättigt lang anhaltend. Eines meiner schnellen Lieblings-Getränke.

3 PORTIONEN

- 3 tiefgekühlte Bananen
- 6 Datteln, entsteint und eingeweicht
- 2 Handvoll Feldsalat
- 2 EL Kokosmus
- 2 EL Kakaopulver (oder Carobpulver)
- 2 TL Chlorellapulver
- 2 TL Açaipulver
- 1/4 TL Vanillepulver

Zubereitung: **5 Minuten**

Alle Zutaten in den Mixer geben und zu einem cremigen Smoothie mixen. So viel Wasser hinzufügen, bis die gewünschte Konsistenz erreicht ist.

Smoothies

KAPITEL 4

Von schnell bis edel:

HAUPT-
GERICHTE

SUNNY CORN CHOWDER
Sonnige Maissuppe

Cremige Komposition, wohltuend und mit Gute-Laune-Faktor!

1 PORTION

2 Maiskolben, Körner abgetrennt
1 mittelgroße Karotte, grob zerkleinert
½ Zwiebel, grob gewürfelt
¼ Avocado
80 g Stangensellerie
3 getrocknete Aprikosen, eingeweicht

200 ml Mandelmilch (S. 166)
50 ml frischer Orangensaft
1 EL Zitronensaft
½ TL Kurkumapulver
1 EL weißes Miso
½ TL rosa Pfeffer
1 Msp. Kristallsalz
1 Prise frisch geriebene Muskatnuss

Zubereitung: 5–10 Minuten

Alle Zutaten (die Hälfte der Maiskörner und ein Viertel der Karotte beiseitestellen) in den Mixer geben und zu einer cremigen Suppe verarbeiten. So viel Wasser hinzufügen, bis die gewünschte Konsistenz erreicht ist.

Die beiseitegestellte Karotte fein raspeln. Jeweils die Hälfte der Karottenraspel und der Maiskörner unter die Suppe einrühren, mit dem Rest das Gericht garnieren.

CARIBBEAN FEELING
Curry-Kokos-Suppe mit Bananen

Ich liebe diese Suppe. Sie ist schnell gemacht, köstlich und sieht schick aus. Ein voller Genuss!

2 PORTIONEN

FÜR DIE SUPPE
500 ml Mandelmilch (S. 166)
1 Stange Zitronengras
1 Stück Ingwer (etwa 1 cm)
1 EL Kokosmus
¼ TL gelbe Currypaste
1 Msp. Steviapulver (oder 1 TL Agavensirup)
¼ TL Kristallsalz

FÜR DIE EINLAGE
je 1 kleines Stück Süßkartoffel, Zucchini und Knollensellerie, in Juliennestreifen
1 kleines Stück Lauch, in feinen Ringen
1 Banane, in dünnen Scheiben
je 2 EL fein gehackter Koriander und Thai-Basilikum

Zubereitung: 5–10 Minuten

Alle Zutaten für die Suppe in den Mixer geben und zu einer cremigen Suppe mixen. Diese in eine Suppenschüssel füllen. Dann die Zutaten für die Einlage hinzufügen und alles gut verrühren.

90   Von schnell bis edel

PUMPKIN HEAVEN
Kürbissuppe

4 PORTIONEN

Zubereitung: **10 Minuten**

FÜR DIE SUPPE
1 Butternusskürbis (550–600 g), geschält und grob gewürfelt
2 Knoblauchzehen
1 Stück Ingwer (2–3 cm)
3 EL Kürbiskernöl
Kristallsalz
frisch gemahlener weißer Pfeffer
Chilipulver, Cayennepfeffer oder Currypulver nach Belieben

ZUM GARNIEREN
1 Handvoll Kürbiskerne

Alle Zutaten für die Suppe zusammen mit 500–600 ml lauwarmem Wasser in den Mixer geben und zu einer feinen cremigen Suppe mixen.

Die Suppe in vier Suppenteller schöpfen und mit Kürbiskernen garnieren.

Hauptgerichte

STORMY WEATHER
Dunkle Miso-Suppe

2 PORTIONEN

FÜR DIE SUPPE
2 EL dunkles Miso
1 Stück Ingwer (etwa 1 cm)
1 Stück Zitronengras (etwa 2 cm)
1 Knoblauchzehe
3 Walnüsse
50 ml Nama Shoyu (unpasteurisierte Sojasauce)

FÜR DIE EINLAGE
4 EL Quinoa, gekeimt
20 g Algen nach Belieben (z.B. Kelp, Dulse), eingeweicht und fein geschnitten
¼ rote Zwiebel, fein gehackt
40 g Wirsing oder Brokkoli, fein gehackt

ZUM GARNIEREN
2 EL schwarze Sesamsamen
1–2 EL fein gehacktes Koriandergrün

Zubereitung: **5–10 Minuten**

Alle Zutaten für die Suppe zusammen mit 1 l lauwarmem Wasser in den Mixer geben und zu einer feinen Suppe mixen.

Als Einlage die Quinoasprossen, Algen, Zwiebel und Wirsing- oder Brokkolistücke unter die Suppe rühren. Diese in zwei Suppenteller schöpfen und mit Sesam und Koriander garnieren.

SNOWY LIGHTHOUSE
Helle Miso-Suppe

2 PORTIONEN

FÜR DIE SUPPE
3 EL helles Miso
1 EL Tahin (Sesammus)
1 Stück Ingwer (etwa 1 cm)
1 Knoblauchzehe

FÜR DIE EINLAGE
10 g Algen (Dulse), fein geschnitten
2 Frühlingszwiebeln, in feinen Ringen
40 g Romanesco, fein gehackt

ZUM GARNIEREN
2 EL helle Sesamsamen
1–2 EL fein gehacktes Koriandergrün

Zubereitung: **5–10 Minuten**

Alle Zutaten für die Suppe zusammen mit 750 ml lauwarmem Wasser in den Mixer geben und zu einer feinen Suppe mixen.

Als Einlage die Algen, Frühlingszwiebeln und Romanescostücke unter die Suppe rühren. Diese in zwei Suppenteller schöpfen und mit Sesam und Koriandergrün garnieren.

Von schnell bis edel

Hauptgerichte 93

LENTILS GET ORANGE
Karotten-Linsen-Cremesuppe

Linsen und Gewürze komponiert zu einer köstlichen Kombination. Proteine zum Schlemmen!

2 PORTIONEN

3 mittelgroße Karotten, grob gehackt
1 mittelgroße Karotte, fein geraspelt
10 EL Linsen, gekeimt
50 g Knollensellerie, grob gehackt
2 Aprikosen (frisch oder getrocknet)
1 Stück Ingwer (etwa ½ cm)
1 EL Kokosöl
1 TL Nama Shoyu (unpasteurisierte Sojasauce)
2 TL weißes Miso
½ TL Kristallsalz
¼ TL Kreuzkümmel
1 Msp. Ceylonzimt

Zubereitung: 5–10 Minuten

Alle Zutaten mit Ausnahme der Karottenraspel und der Linsensprossen in den Mixer geben und zu einer cremigen Suppe mixen. So viel Wasser hinzufügen, bis die gewünschte Konsistenz erreicht ist.

Die Hälfte der Linsensprossen unter die Suppe rühren. Die restlichen Linsensprossen und die Karottenraspel zum Garnieren über die Suppe streuen.

PUMPKINS LEARN TO FLY
Kürbis-Linsen-Suppe

Der Herbst kann kommen mit knackigen Sprossen und Kürbis für gemütliche Kaminstunden.

2 PORTIONEN

FÜR DIE SUPPE
200 g Butternusskürbisfleisch, grob gehackt
4 EL Linsen, gekeimt
¼ Stange Lauch, grob gehackt
80 g Stangensellerie, grob gehackt
¼ Avocado
1 Orange, grob gewürfelt
½ Zitrone
1 kleine Knoblauchzehe
¼ TL Kurkumapulver
2 TL weißes Miso
1 TL Kokosöl
1 TL Tahin (Sesammus)
1 TL Macapulver
½ TL gelbe Currypaste
2 Msp. Ceylonzimt
2 Msp. Steviapulver (oder 1–2 TL Agavensirup)

ZUM GARNIEREN
2 EL Linsen, gekeimt
½ Frühlingszwiebel, in feinen Ringen
1 EL fein gehacktes Koriandergrün
1 TL Schwarzkümmel

Zubereitung: 5–10 Minuten

Alle Zutaten für die Suppe in den Mixer geben und zu einer cremigen Suppe mixen. So viel Wasser hinzufügen, bis die gewünschte Konsistenz erreicht ist.

Die Suppe in eine Suppenschüssel füllen und mit Linsensprossen, Frühlingszwiebelringen, Koriander und Schwarzkümmel garnieren.

RED, RED, RED
Tomatensuppe

Sich selbst verwöhnen kann so einfach sein: Tomaten zum Genießen, zu Hause oder unterwegs.

1 PORTION

FÜR DIE SUPPE
400 g Tomaten, grob gewürfelt
¼ Zwiebel, grob gehackt
1 Knoblauchzehe
¼ TL frisch gemahlener Pfeffer
½ TL Kristallsalz
Cayennepfeffer nach Belieben

1 EL kalt gepresstes Olivenöl
je 2 TL fein gehackter Oregano und Basilikum

ZUM GARNIEREN
einige Basilikumblätter
grob gemahlener Pfeffer

Zubereitung: 5 Minuten

Alle Zutaten für die Suppe mit Ausnahme des Olivenöls und der gehackten Kräuter in den Mixer geben und zusammen mit 100 ml Wasser zu einer feinen Suppe mixen. Dann das Olivenöl auf niedrigster Stufe untermischen. Die frischen Kräuter unter die Suppe rühren und nochmals mit Salz und Pfeffer abschmecken.

Die Suppe in einen Suppenteller schöpfen. Mit Basilikumblättern sowie etwas grob gemahlenem Pfeffer garnieren.

WARM UP
Karotten-Ingwer-Suppe

Wärmender Klassiker für die kleinen, aber feinen Momente zwischendurch

2 PORTIONEN

200 g Karotten, grob gewürfelt
1 Knoblauchzehe
1 Stück Ingwer (1–2 cm)
3 EL Mandelmus (oder Kokosmus)
1 Msp. Cayennepfeffer
1 Msp. frisch geriebene Muskatnuss

Kristallsalz
frisch gemahlener weißer Pfeffer

ZUM GARNIEREN
2 TL helle Sesamsamen
2 EL fein gehackte Petersilie

Zubereitung: 10 Minuten

Alle Zutaten zusammen mit 250 ml lauwarmem Wasser in den Mixer geben und zu einer feincremigen Suppe mixen. Bei Bedarf noch etwas Wasser hinzufügen.

Die Suppe in Suppenteller schöpfen und mit Sesamsamen und Petersilie garnieren.

TABULEH ALL'ITALIANA
Italienisches Quinoa-Tomaten-Taboulé

Leichter Genuss auch für heiße Tage.
Immer wieder köstlich!

2 PORTIONEN

5 mittelgroße Tomaten, gewürfelt
200 g rotes oder weißes Quinoa, gekeimt
1 Frühlingszwiebel, in feinen Ringen
je 1–2 EL fein gehackte Petersilie und Oregano

2–3 EL fein gehacktes Basilikum
1 Knoblauchzehe, gepresst
2 EL Zitronensaft
1 EL Olivenöl
je ½ TL Salz und frisch gemahlener Pfeffer

Zubereitung: 10 Minuten

In einer Schüssel alle Zutaten gut vermengen, dann auf zwei Teller verteilen.

HOME SWEET HOME
Süßkartoffelsalat mit Cashewsauce

Dieser Salat erinnert mich immer an endlose Sommer,
warmen Wind und Sonnenuntergänge.

3–4 PORTIONEN

FÜR DEN SALAT
400 g Süßkartoffeln, mundgerecht gewürfelt
1 Bund Frühlingszwiebeln, in feinen Ringen
100 g Gurke, in feinen Stiften
3–4 EL fein gehackte Petersilie, mehr zum Garnieren

FÜR DIE SAUCE
250 g Cashewkerne, eingeweicht
2 Datteln, entsteint und eingeweicht
¼ Zwiebel, grob gehackt
Saft von ½ Zitrone
3 EL Apfelessig
2 EL Senf
2 EL Olivenöl
2 TL Edelhefe nach Belieben
Kristallsalz
frisch gemahlener Pfeffer

Zubereitung: 10 Minuten • Ruhen: mind. 1 Stunde

Alle Zutaten für den Salat in eine Schüssel geben und vermengen.

Alle Zutaten für die Sauce zusammen mit 150 ml Wasser im Hochleistungsmixer cremig mixen.

Die Sauce über den Salat geben und gut untermischen. Den Salat mindestens 1 Stunde ziehen lassen. Zum Servieren in Schüsseln geben und mit fein gehackter Petersilie garnieren.

Hauptgerichte 97

SPICY SEA GREEN
Meeresgemüsesalat

2 PORTIONEN ALS VORSPEISE

1 Packung Meeresgemüse (etwa 170 g)

FÜR DAS DRESSING
1 EL Sesamöl
2 EL Reisessig (oder Zitronensaft)
3 TL Birkenzucker/ Xylitol

je ½ TL helle und dunkle, ungeschälte Sesamsamen
¼ TL Chilipulver
¼ TL pinkfarbenes Kristallsalz

ZUM GARNIEREN
frisch gehackte Kräuter nach Belieben

Zubereitung: **10 Minuten** • Ruhen: **10 Minuten**

Das Meeresgemüse unter fließendem Wasser abspülen und etwa 5 Minuten wässern. Anschließend abtropfen lassen. Alle Zutaten für das Dressing vermengen und über das Meeresgemüse gießen.

Den Salat 10 Minuten ziehen lassen, dann auf zwei kleinen Tellern anrichten. Nach Belieben mit frisch gehackten Kräutern garnieren.

SCHWARZER PETER
Oliven-Petersilie-Salat

2 PORTIONEN

80 g schwarze Oliven (ohne Stein), in dünnen Scheiben
1 Bund Petersilie, fein gehackt
1½ EL schwarze Zwiebelsamen
1 EL ungeschälte Sesamsamen

Saft von 1 Zitrone
1 TL Birkenzucker/ Xylitol
1 Prise frisch geriebene Muskatnuss
Kristallsalz
frisch gemahlener Pfeffer

Zubereitung: **10 Minuten**

In einer Schüssel alle Zutaten gut vermengen, dann auf zwei Teller verteilen.

Hauptgerichte 99

AFTERGLOW
Rote-Bete-Quisotto

Besticht durch seine wunderschöne rosa Farbe und sättigt auch den großen Hunger mit Leichtigkeit.

4 PORTIONEN

FÜR DEN QUISOTTO
550 g rotes und/oder weißes Quinoa, gekeimt
250 g Rote Bete, in feinen Stiften, mehr zum Garnieren
5 EL fein gehackte Petersilie, mehr zum Garnieren

FÜR DIE SAUCE
100 ml Mandelmilch (S. 166)

60 g Cashewkerne, eingeweicht
20 g geschälte Hanfsamen
20 g Pinienkerne
40 g Rote Bete, grob gehackt
1 Dattel, entsteint und eingeweicht
frisch gemahlener Pfeffer
Kristallsalz
3 TL Edelhefe (nach Belieben)

Zubereitung: 15 Minuten

Für den Quisotto alle Zutaten in eine große Schüssel geben und vermengen.

Für die Sauce alle Zutaten im Mixer zu einer dicklichen Creme verarbeiten. Diese sorgfältig mit dem Quisotto vermischen. Den Quisotto auf Teller oder Schälchen verteilen und mit Petersilie und Rote-Bete-Stiften garnieren.

STUFFED MUSHROOMS
Gefüllte Champignons

Tradition mal anders. Als kleine Häppchen oder ganze Mahlzeit ... immer genau richtig!

4 PORTIONEN

16 mittelgroße Champignonköpfe, ausgehöhlt

FÜR DIE MARINADE
Saft von 2 Orangen
Saft von ½ Zitrone
2 EL Olivenöl
¼ TL Salz

FÜR DIE FÜLLUNG
½ Rezept Cannellonifüllung (S. 127 oben)
2 Maiskolben, Körner abgetrennt
3 Brokkoliröschen, klein gehackt
1 Karotte, fein geraspelt

ZUM GARNIEREN
3 TL frisch gehackte Kräuter nach Belieben

Zubereitung: 10 Minuten • Marinieren: 2–4 Stunden
Trocknen: 2–3 Stunden

Alle Zutaten für die Marinade mit einem Mixstab vermischen und die Champignonköpfe darin 2–4 Stunden marinieren.

Für die Füllung die Cannellonifüllung mit den übrigen Zutaten vermengen. Die marinierten, abgetropften Champignonköpfe mit der Masse füllen und im Dörrautomaten bei 42 °C in 2–3 Stunden trocknen und zugleich erwärmen.

Anschließend die gefüllten Champignons mit den Kräutern bestreuen und sofort servieren.

RED SUNRISE
Rote-Bete-Carpaccio mit Dattel-Senf-Dressing

3 PORTIONEN

FÜR DEN SALAT
300 g Rote Bete
70 g Rucola
2–3 EL fein gehackte Petersilie
1 Handvoll Pekannüsse (oder Walnüsse), grob zerstoßen

FÜR DAS DRESSING
8 Datteln, entsteint und eingeweicht
6 EL Apfelessig
1 EL Kokosöl, zerlassen
1–2 TL Senf
1 TL frisch gemahlener Pfeffer
1–2 TL Kristallsalz

Zubereitung: **15 Minuten**

Für den Salat die geschälten Roten Beten in hauchdünne Scheiben hobeln. Den Rucola auf drei Teller verteilen und mit den Rote-Bete-Scheiben belegen.

Alle Zutaten für das Dressing in einen Mixer geben und zu einer flüssig-feinen Creme mixen. So viel Wasser hinzufügen, bis die gewünschte Konsistenz erreicht ist.

Das Dressing über den Salat träufeln. Die Petersilie und die Nüsse darüberstreuen.

Hauptgerichte

PEANUTS GET VEGGIE
Erdnuss-Gemüse-Nudelzauber

3 PORTIONEN

FÜR DIE NUDELN
2 Zucchini

FÜR DIE SAUCE
200 ml Kokosmilch (oder 100 g Kokosfruchtfleisch und 100 ml Wasser)
5 EL Erdnussmus
1 Knoblauchzehe
1 Stück Ingwer (etwa ½ cm)
½ Chilischote, fein gehackt
3 TL Kokosblütenzucker
2 ½ TL Kokosmehl
Saft von 1 Limette
½ TL Reishipulver
Salz
frisch gemahlener Pfeffer

FÜR DIE GEMÜSE-EINLAGE
1 Handvoll feine Brokkoliröschen
2 Champignons, in feinen Scheiben
1 Karotte, in feinen Stiften
je ½ rote und gelbe Paprikaschote, in feinen Streifen
1 Stück Lauchstange (etwa 4 cm), in feinen Ringen

ZUM GARNIEREN
5 g Erdnüsse
2 EL fein gehacktes Koriandergrün
Sprossen nach Belieben

Zubereitung: 10–15 Minuten

Die Zucchini mit einem Spiralschneider zu Nudeln verarbeiten und in eine große Schüssel geben.

Für die Sauce alle Zutaten im Mixer zu einer homogenen Masse verarbeiten, in eine Schüssel geben und das Gemüse für die Gemüseeinlage unterheben.

Die Zucchini-Nudeln in drei tiefe Teller geben und die Sauce darüber verteilen. Mit Erdnüssen, Koriander und nach Belieben mit Sprossen garnieren.

PUMPKIN SPECIAL
Butternuss-Nudeln mit Gemüse-Salbei-Sauce

3 PORTIONEN

FÜR DIE BUTTERNUSS-NUDELN
500 g Butternusskürbisfleisch

FÜR DIE SAUCE
1 Zucchini, grob gehackt
20 g Knollensellerie, grob gehackt
¼ Zwiebel
1 Knoblauchzehe
3 Datteln, entsteint und eingeweicht
30 g Kürbiskerne, etwa 2 Stunden eingeweicht

3 TL Hatcho-Miso
2 EL Kürbiskernöl
1 EL Zitronensaft
¼–½ TL schwarzes Lavasalz (oder Kristallsalz)
1–2 EL fein gehackter Salbei
je 1 TL fein gehackter Rosmarin, Oregano und Thymian

ZUM GARNIEREN
2 EL Kürbiskerne
6 Salbeiblätter

Zubereitung: 15 Minuten

Den Butternusskürbis mit einem Spiralschneider zu Nudeln verarbeiten.

Alle Zutaten für die Sauce mit Ausnahme der frischen Kräuter in den Mixer geben und zu einer feincremigen Sauce verarbeiten. So viel Wasser hinzufügen, bis die gewünschte Konsistenz erreicht ist. Die gehackten Kräuter per Hand unterheben.

Die Butternuss-Nudeln in tiefe Teller legen und die Gemüse-Salbei-Sauce darüber verteilen. Mit den Kürbiskernen und den Salbeiblättern garnieren.

Hauptgerichte

SPECIALITÀ DELLA CASA
Lasagne mit Zucchini und Süßkartoffeln

4–6 PORTIONEN

FÜR DIE TOMATEN-
SAUCE
440 g Tomaten, grob
gehackt
20 g sonnengetrocknete
Tomaten, 30 Minuten
eingeweicht
1 Knoblauchzehe
2 EL Olivenöl
je ½–1 TL Salz und
frisch gemahlener
Pfeffer
je 1 Msp. Chilipulver
und Cayennepfeffer
je 2–3 EL fein gehackte
Petersilie und Basilikum
2 TL fein gehackter
Oregano

FÜR DIE KÄSESAUCE
180 g Cashewkerne,
etwa 4 Stunden einge-
weicht
1 mittelgroße Karotte,
grob gehackt

40 g Knollensellerie,
grob gehackt
¼ Zwiebel
2 EL Senf
1 TL Kristallsalz
½ TL frisch gemahlener
Pfeffer
4–5 EL Edelhefe (nach
Belieben)

ZUM SCHICHTEN
2 Zucchini, längs in
dünne Scheiben geho-
belt
1 Süßkartoffel, fein
geraspelt
je 1 rote und gelbe
Paprikaschote, fein
gewürfelt
100 g Feldsalat, gezupft
½ Bund Petersilie, fein
gehackt

ZUM GARNIEREN
2–3 EL Sonnenblumen-
kerne, gekeimt

Zubereitung: 15–20 Minuten

Alle Zutaten für die Tomatensauce mit Ausnahme der frischen Kräuter im Mixer zu einer feinen Sauce verarbeiten,
dann die Kräuter unterrühren. Die Tomatensauce in eine
Schüssel füllen und beiseitestellen.

Für die Käsesauce alle Zutaten zusammen mit ½ Tasse
Wasser in den Hochleistungsmixer geben und zu einer
feinen Creme mixen.

Die Lasagne schichten. Dazu eine Form mit einem Drittel
der Zucchinischeiben auslegen. Diese mit etwas Käsesauce
begießen. Zuerst mit etwa der Hälfte der Süßkartoffelras-
pel, dann mit je der Hälfte der Paprikawürfel, Feldsalat,
Tomatensauce und Petersilie bedecken. Die Lasagne in dieser Reihenfolge nochmals schichten, dann mit einer
Schicht Zucchinischeiben abschließen und die restliche
Käsesauce darüber verteilen. Mit den Sonnenblumenkei-
men bestreuen.

Tipp: Nach Belieben die Lasagne im Dörrautomaten bei
42 °C in 2–4 Stunden anwärmen.

GREEN AND RED
Tomaten-Basilikum-Nudeln

2 PORTIONEN

FÜR DIE NUDELN
2 Zucchini (oder 3 Mai-
rübchen bzw. 2 Kohl-
rabi)

FÜR DIE SAUCE
250 g Tomaten, gewür-
felt

2–3 EL fein gehacktes
Basilikum, plus einige
Blätter zum Garnieren
1 EL Hanföl
¼ TL Birkenzucker/
Xylitol
1 Msp. Cayennepfeffer
Kristallsalz
frisch gemahlener
Pfeffer

Zubereitung: 5 Minuten • Marinieren: 30 Minuten

Die Zucchini mit einem Spiralschneider zu Nudeln verarbeiten und in eine große Schüssel geben.

Die Zutaten für die Sauce mischen und mit den Nudeln
vermengen. Das Gericht etwa 30 Minuten marinieren,
dabei ab und zu durchmischen.

Die Tomaten-Basilikum-Nudeln in zwei Schalen füllen und
mit Basilikumblättern garnieren.

Hauptgerichte 105

RAW!TALIAN FIESTA
Zucchini-Fettuccine mit frischen Gartenkräutern

2 PORTIONEN

FÜR DIE FETTUCCINE
2 Zucchini

FÜR DIE KRÄUTER-
SAUCE
je 4 EL fein gehacktes
Basilikum und Petersilie
je 4 TL fein gehackter
Rosmarin und Oregano
2 Frühlingszwiebeln, in
feinen Ringen

2 Knoblauchzehen, fein
gehackt
2 EL kalt gepresstes
Olivenöl
Saft von 1 ½ Limetten
2 TL Agavensirup

FÜR DEN PINIENKERN-
PARMESAN
2 EL Pinienkerne
½ EL weißes Miso
2 TL Edelhefe

Zubereitung: 10 Minuten • Marinieren: 10 Minuten

Für die Fettuccine die Zucchini mit einem Sparschäler in dünne Streifen schneiden und in eine große Schüssel geben.

Für die Kräutersauce alle Zutaten mischen und unter die Fettuccine heben. Etwa 10 Minuten marinieren.

In der Zwischenzeit die Zutaten für den Pinienkern-Parmesan in eine kleine Küchenmaschine geben und in Intervallen zu einer leicht stückigen Masse verarbeiten.

Die Fettuccine mit der Sauce auf zwei Tellern anrichten und mit dem Pinienkern-Parmesan bestreuen.

SPAGHETTI DREAMS
Zucchini-Spaghetti à la carbonara

3 PORTIONEN

FÜR DIE SPAGHETTI
3 Zucchini, geschält

FÜR DIE SAUCE
100 g Cashewkerne
(oder Macadamia-
nüsse), eingeweicht
100 g Pinienkerne
Saft von 1 Zitrone
1 Knoblauchzehe
1 EL weißes Miso
frisch gemahlener
weißer Pfeffer

Kristallsalz
5 EL Edelhefe (nach
Belieben)
2 EL kalt gepresstes
Olivenöl

ZUM GARNIEREN
fein gehackte Kräuter
(z.B. Petersilie, Korian-
der, Basilikum)

Zubereitung: 10 Minuten

Die Zucchini mit dem Spiralschneider zu Spaghetti verarbeiten.

Für die Sauce alle Zutaten mit Ausnahme des Olivenöls im Hochleistungsmixer zu einer feinen Creme verarbeiten. So viel Wasser hinzufügen, bis die gewünschte Konsistenz erreicht ist. Zum Schluss das Olivenöl dazugeben und nochmals gut mixen.

Die Zucchinispaghetti in tiefe Teller geben und die Sauce darüber verteilen. Mit den gehackten Kräutern garnieren.

Hauptgerichte 107

SPAGHETTI ALLA BOLOGNESE
Spaghetti mit Tomatensauce und Nusshack

3 PORTIONEN

FÜR DIE SPAGHETTI
1½ weiße Rettiche

FÜR DIE TOMATEN-
SAUCE
300 g Tomaten, grob
gehackt
30 g getrocknete Toma-
ten, eingeweicht
20 g Knollensellerie,
grob gehackt
½ Karotte, grob gehackt
2 Datteln, einsteint und
eingeweicht
¼ Zwiebel
1 Knoblauchzehe
1 EL MaKao-
Pulver/Trinkschokolade
(oder Kakaopulver)

2 EL Olivenöl
2 Msp. frisch geriebene
Muskatnuss
Kristallsalz
Cayennepfeffer

FÜR DEN „BISS"
½ Karotte, fein
geraspelt
2 Tomaten, fein
gewürfelt
1 Frühlingszwiebel, in
feinen Ringen
150 g Nusshack (S. 168)
4 EL fein gehacktes
Basilikum, plus 3 Blät-
ter zum Garnieren
1 EL fein gehackter
Oregano

Zubereitung: 10–15 Minuten

Die Rettiche mit einem Spiralschneider zu Spaghetti verarbeiten.

Für die Tomatensauce alle Zutaten im Hochleistungsmixer
zu einer homogenen Sauce verarbeiten. In eine Schüssel
geben und die Zutaten für den „Biss" unterheben.

Die Rettich-Spaghetti auf drei Teller verteilen, die Sauce
darübergeben und mit je einem Basilikumblatt garnieren.

Tipp: Die Spaghetti können auch aus anderem Gemüse
bereitet werden, etwa Zucchini, Karotte, Kohlrabi.

SLEEPING PEANUTS
Erdnüsse mit Würzgemüse im Kelpnudel-Bett

2 PORTIONEN

1 Packung Kelpnudeln

FÜR DIE BEILAGE
40 g rohe Erdnüsse,
mehr zum Garnieren
150 g Brokkoli, in kleine
Röschen geteilt
1 Karotte, fein geraspelt
1 Wurzel Ginseng, fein
geschnitten
¼ rote Zwiebel, in
feinen Ringen
1 Knoblauchzehe, sehr
fein gehackt

1 Stück Ingwer (etwa
1 cm), sehr fein gehackt
1 EL fein gehacktes
Thai-Basilikum, mehr
zum Garnieren
Saft von 1 Orange
2 TL Erdnussöl
2 TL Chiasamen
1 TL Sesamsamen
1 TL Zwiebelsamen
(nach Belieben)
2 TL weißes Miso
1 TL Agavensirup
1 Msp. Chilipulver

Zubereitung: 10 Minuten

Die Kelpnudeln unter fließendem Wasser abspülen und
abtropfen lassen.

Für die Beilage alle Zutaten in einer Schüssel vermengen.

Die Kelpnudeln auf zwei große Servierteller verteilen, die
Beilage darübergeben und mit Erdnüssen und Thai-Basilikum bestreuen.

Hauptgerichte 109

FESTIVAL OF COLOURS
Kunterbunter Blumenkohlreis

4–5 PORTIONEN

FÜR DEN BLUMEN-KOHLREIS
¾ Blumenkohl
1 Karotte, fein geraspelt
je 1 rote und orangefarbene Paprikaschote, fein gewürfelt
1 Maiskolben, Körner abgetrennt
100 g Champignons, in feinen Scheiben
½ Stange Sellerie, in sehr feinen Ringen
2 Tomaten, gewürfelt
2 Frühlingszwiebeln, in feinen Ringen
100 g Sonnenblumen-

kerne, eingeweicht
50 g Kürbiskerne, eingeweicht
je 2 EL Basilikum, Petersilie und Pimpinelle, fein gehackt

FÜR DIE SAUCE
Saft von 1 Zitrone
Saft von 1 Orange
60 g Mandelmus
2 TL Agavensirup
1 Msp. frisch geriebene Muskatnuss
Kristallsalz
frisch gemahlener bunter Pfeffer

Zubereitung: 15 Minuten

Für den Blumenkohlreis den Blumenkohl in grobe Stücke schneiden und in die Küchenmaschine geben. In Intervallen zu einer reisähnlichen Masse verarbeiten und in eine große Schüssel füllen. Die übrigen Zutaten unterheben.

Für die Sauce alle Zutaten mit einem Mixstab cremig mixen und über den bunten Blumenkohlreis gießen.

Tipp: Wer gern herzhafter isst, kann das Mandelmus für die Sauce durch Tahin (Sesammus) oder Erdnussmus ersetzen.

CHILI CON AMORE
Tomaten-Paprika-Chili mit Nusshack

3 PORTIONEN

FÜR DIE GEMÜSESAUCE
1 große Tomate, geviertelt
1 rote Spitzpaprikaschote, grob gehackt
½ Stange Sellerie, grob gehackt
½ Frühlingszwiebel
1 Knoblauchzehe
1 Stück Ingwer (1 cm)
1 TL Kurkumapulver
1 EL Kakaopulver
1 Msp. Chilipulver
½ TL Salz

FÜR DIE EINLAGE
1 große Tomate, fein gewürfelt
1 rote Spitzpaprikaschote, fein gewürfelt
½ Stange Sellerie, in feinen Ringen

1 Maiskolben, Körner abgetrennt
½ Frühlingszwiebel, in feinen Ringen
2 EL Petersilie, fein gehackt
1 EL fein gehackter Koriander, mehr zum Garnieren
1 TL Agavensirup
½ TL gemahlener Kreuzkümmel

FÜR DAS NUSSHACK
2 Handvoll Walnüsse
3 EL Nama Shoyu (unpasteurisierte Sojasauce)
1 TL Olivenöl
1 TL gemahlener Kümmel

Zubereitung: 15 Minuten

Für die Gemüsesauce alle Zutaten in den Mixer geben und zu einer feinen Creme verarbeiten. Diese in eine Schüssel füllen und alle Zutaten für die Gemüseeinlage unterheben.

Für das Nusshack alle Zutaten in eine Küchenmaschine geben und in Intervallen zu einer grob gehackten Masse verarbeiten.

Das Gemüsechili auf Servierteller oder -schüsseln verteilen und mit Nusshack und Koriander bestreuen.

SMASHING PUMPKIN
Pilzsteaks mit Kürbispüree

2 PORTIONEN

Zubereitung: **10 Minuten**
Marinieren: **4–6 Stunden**
Trocknen: **6–8 Stunden**

FÜR DIE PILZSTEAKS
200 g Portobellopilze (oder Shiitakepilze)
40 ml Nama Shoyu (unpasteurisierte Sojasauce)
2 EL Dattelpaste (S. 174)
3 EL Olivenöl
1 TL Paprikapulver
1 TL frisch gemahlener Pfeffer
¼ TL Cayennepfeffer

FÜR DAS KÜRBISPÜREE
350 g Kürbis (Butternuss oder Hokkaido), grob gewürfelt
1 Knoblauchzehe
1 Dattel, entsteint und eingeweicht
180 ml Mandelmilch (S. 166)
2 EL helles Mandelmus
4 EL Kokosmehl
¼ TL frisch geriebene Muskatnuss
frisch gemahlener Pfeffer
Salz

Für die Pilzsteaks die Stiele der Pilze entfernen. Die restlichen Zutaten zu einer Marinade verrühren, über die Pilze gießen und 4–6 Stunden marinieren. Anschließend die Pilze auf eine Dörrfolie legen und im Dörrautomaten bei 42 °C in 6–8 Stunden trocknen.

Für das Kürbispüree alle Zutaten im Mixer oder in der Küchenmaschine zu einem feinen Mus verarbeiten. So viel lauwarmes Wasser hinzufügen, bis die gewünschte Konsistenz erreicht ist. Mit Salz und Pfeffer abschmecken.

Hauptgerichte

MANGO TANGO
Mango-Curry-Pizza

2 PIZZAS

1 Rezept Pizzaboden
(S. 173)

FÜR DIE SAUCE
1 Mango
1 Orange
1 rote Paprikaschote,
grob gewürfelt
1 Stück Ingwer (1–2 cm)
Saft von ½ Zitrone
100 ml Kokosmilch
3 TL Currypulver
½ TL Kurkumapulver
½ TL Cayennepfeffer
Salz
frisch gemahlener
Pfeffer

FÜR DEN BELAG
1 Handvoll Rucola
½ Handvoll Feldsalat
2 rote Tomaten, in
Scheiben
6 gelbe Tomaten, in
Scheiben
je 2 Mangos und
Nektarinen, in feinen
Scheiben
je 2 EL gehackter Kori-
ander und Basilikum
½ rote Zwiebel, in
dünnen Ringen
Sprossen nach
Geschmack

Zubereitung: **10–15 Minuten** • Trocknen: **1 Stunde**

Den Pizzateig zu zwei runden Pizzas formen.

Alle Zutaten für die Sauce in den Mixer geben und zu einer homogenen Sauce verarbeiten. Je 3–4 EL davon auf die beiden Pizzaböden geben und verstreichen. Die Pizzas im Dörrautomaten bei 42 °C etwa 1 Stunde trocknen, um das Aroma der in die Böden eindringenden Sauce zu intensivieren. (Sollen die Pizzas warm serviert werden, weitere 1–2 Stunden im Dörrautomaten belassen.)

Die Zutaten für den Belag mit Ausnahme der Sprossen auf den Böden verteilen und die restliche Sauce darüberträufeln. Dann mit den Sprossen garnieren.

Tipp: Alternativ kann man die Pizzaböden auch mit der Tomatensauce von Seite 108 oben bestreichen.

PIZZA VERDE
Pizza Rucola mit Tapenade

2 PIZZAS

FÜR DEN PIZZABODEN
400 g Buchweizen,
gekeimt
40 g Bärlauch, gehackt
1 Handvoll Taubnessel-
blätter, gehackt
½ Avocado
2 EL Kürbiskerne
2 EL Kürbiskernöl
3 EL Nama Shoyu (un-
pasteurisierte Soja-
sauce)
2 TL Zitronensaft

FÜR DEN BELAG
etwas Ketchup (S. 170)
60 g Rucola
60 g schwarze Oliven
(ohne Stein), in Scheiben
4 Tomaten, klein
gewürfelt

1 rote Paprikaschote,
klein gewürfelt
2 EL Pinienkerne
2–3 EL fein gehackte
Petersilie

FÜR DIE TAPENADE
80 g schwarze Oliven
(ohne Stein)
80 ml Olivenöl
½ Avocado
4 getrocknete Tomaten,
eingeweicht
3 Datteln
1 Knoblauchzehe (oder
3 Bärlauchblätter)
Saft von ½ Zitrone
Kristallsalz
frisch gemahlener Pfeffer

Zubereitung: **20 Minuten** • Trocknen: **8–12 Stunden**

Für den Pizzaboden alle Zutaten in die Küchenmaschine geben und zu einem noch leicht groben Teig verarbeiten. Den Teig halbieren und auf einer Dörrfolie zu zwei runden, etwa 4 mm dicken Pizzaböden ausstreichen. Im Dörrautomaten bei 42 °C in 8–12 Stunden trocknen, bis der gewünschte Trockengrad erreicht ist. Nach etwa 7 Stunden die Böden auf dem Blech wenden und die Dörrfolie dabei entfernen.

Die getrockneten Pizzaböden mit Ketchup bestreichen. Dann den restlichen Belag darauf verteilen.

Für die Tapenade alle Zutaten im Mixer zu einer noch leicht groben Masse verarbeiten und über die Pizzas geben.

Tipp: Soll die Pizza warm serviert werden, erwärmt man sie in 2–3 Stunden bei 42 °C im Dörrautomaten.

Von schnell bis edel

Hauptgerichte 113

GRANDMA'S PRIDE
Sauerkraut mit Kartoffelpüree

Erinnert mich an zu Hause ... Köstlich, gesund und einfach eine leichte Angelegenheit.

2 PORTIONEN

FÜR DAS SAUERKRAUT
1 Weißkohl, fein geraspelt
3 TL Salz

FÜR DAS KARTOFFEL-PÜREE
1 Süßkartoffel (etwa 450 g), grob gehackt
100 ml Mandelmilch (S. 166)

3 EL Kokosmehl
½ Knoblauchzehe
2 Msp. frisch geriebene Muskatnuss
frisch gemahlener Pfeffer
Kristallsalz
1 EL fein gehackte Petersilie

Zubereitung: **10–15 Minuten** • Marinieren: **15–20 Minuten**
Fermentieren: **2–3 Wochen**

Die Weißkohlraspel in eine Schüssel geben und mit dem Salz mischen. Dieses gut mit den Händen einmassieren, bis der Kohl etwas weicher wird und Flüssigkeit austritt. Die Raspel 15–20 Minuten marinieren.

Den marinierten Kohl in einen Gärtopf füllen und mit leicht gesalzenem Wasser auffüllen, sodass der Kohl vollständig bedeckt ist. Alles fest nach unten drücken und Beschwerungssteine darauflegen. Kurz andrücken, anschließend den Deckel auflegen und die obere Wasserrinne im Gärtopf mit Wasser füllen, sodass keine unerwünschten Partikel eindringen können. Das Sauerkraut bei Raumtemperatur oder im Keller 2–3 Wochen fermentieren lassen. Dabei nach 14 Tagen das Kraut probieren und je nach gewünschter Säuerung gegebenenfalls noch weiter fermentieren lassen. Anschließend das Sauerkraut bis zur Verwendung im Kühlschrank aufbewahren.

Für das Kartoffelpüree alle Zutaten mit Ausnahme der Petersilie in den Hochleistungsmixer geben und zusammen mit so viel lauwarmem Wasser mixen, bis die Konsistenz eines Pürees erreicht ist. Das Kartoffelpüree neben dem Sauerkraut anrichten und mit der Petersilie garnieren.

Tipp: Da die Sauerkrautherstellung ein langwieriger Prozess ist, habe ich gleich einen ganzen Kohlkopf verarbeitet, der mindestens 5 Portionen Sauerkraut ergibt. Das Kartoffelpüree ist für 2 Portionen ausgerichtet.

SYMPHONY OF COLOURS
Gemüsequiche

1 QUICHE (26 CM Ø), ODER 6 KLEINE FORMEN

Zubereitung: **15–20 Minuten**

FÜR DEN BODEN
150 g Paranüsse
100 g Buchweizen, gekeimt
50 g Dinkel, gekeimt
3 EL Tahin (Sesammus)
je ¼ TL Salz und Pfeffer

FÜR DIE FÜLLUNG
200 g Macadamianüsse, eingeweicht
100 ml Irish-Moss-Gel (S. 177)
1 Handvoll Brokkoliröschen
1 Karotte, fein geraspelt
1 Stück Lauch (etwa 3 cm), in feinen Ringen
je ½ rote, gelbe und orangefarbene Paprikaschote, fein gewürfelt
je 2 EL fein gehackte Petersilie und Pimpinelle, mehr Petersilie zum Garnieren
2 EL Schnittlauchröllchen
1 Msp. frisch geriebene Muskatnuss
Salz und frisch gemahlener Pfeffer

Die Zutaten für den Boden in die Küchenmaschine geben und zu einem homogenen Teig verarbeiten. Die Quicheform mit Frischhaltefolie auslegen, dann den Teig gleichmäßig hineindrücken.

Für die Füllung die Macadamianüsse und das Irish-Moss-Gel in den Mixer geben und zu einer feinen Creme mixen. Bei Bedarf etwas Wasser hinzufügen, sodass der Mixer die Creme greifen kann.

Die Macadamiacreme in eine große Schüssel füllen und die restlichen Zutaten für die Füllung unterheben. Die Masse auf dem Quicheboden verteilen und mit Petersilie bestreuen.

Hauptgerichte 115

IN BETWEEN GREEN
Brokkoliburger mit Gemüsepommes

10–12 BURGER

FÜR DIE BROKKOLI-
BURGER
250 g Brokkoli, fein
gehackt
150 g Buchweizen,
gekeimt
2 Stangen Sellerie,
geraspelt
2 Karotten, geraspelt
½ Zucchini, geraspelt
80 g Walnüsse, einge-
weicht und grob
gehackt
60 g Kürbiskerne, einge-
weicht und grob
gehackt
2 Frühlingszwiebeln,
fein gehackt
2 EL Kürbiskernöl (oder
Olivenöl)
2 EL Senf
1–1½ TL Kristallsalz
½ TL frisch gemahlener
Pfeffer
2 Msp. frisch geriebene
Muskatnuss
Cayennepfeffer nach
Belieben

FÜR DIE GEMÜSE-
POMMES
2 Mairübchen
250 g Butternusskürbis

FÜR DIE MARINADE
2 Datteln, entsteint und
eingeweicht
3 TL Olivenöl
1½ TL Kristallsalz
1 TL frisch gemahlener
Pfeffer
¼ TL frisch geriebene
Muskatnuss

AUSSERDEM
Bunte Zwiebelcracker
(S. 58)
Salatblätter
Zwiebelringe
Tomaten- und Gurken-
scheiben
1 Rezept Ketchup
(S. 170)
1 Rezept Cheezy Dip
(S. 173)

Zubereitung: 15–20 Minuten • **Marinieren:** 2–3 Stunden
Trocknen: etwa 15 Stunden

Für die Burger alle Zutaten in eine große Schüssel geben
und per Hand zu einem Teig kneten. Die Hälfte davon in
einer Küchenmaschine zu einem sehr feinen Teig verarbeiten. Diesen wieder in die Schüssel geben und mit dem
restlichen Teig verkneten.

Den Teig zu 10–12 Burgern formen und auf eine Dörrfolie
legen. Im Dörrautomaten bei 42 °C in etwa 13 Stunden
trocknen. Nach etwa 5 Stunden die Dörrfolie entfernen
und weiter trocknen, bis der gewünschte Trockengrad erreicht ist.

Für die Pommes das Gemüse in etwa fingerdicke Stäbchen
schneiden.

Für die Marinade alle Zutaten zusammen mit 50 ml Wasser mit einem Mixstab mixen und über die Pommes geben.
Diese in der Marinade wenden, sodass sie von allen Seiten
benetzt sind, und 2–3 Stunden marinieren.

Die Pommes auf eine Dörrfolie legen und im Dörrautomaten bei 42 °C in 8–12 Stunden trocknen. Nach etwa 5 Stunden die Dörrfolie entfernen und die Pommes weiter
trocknen, bis der gewünschte Trockengrad erreicht ist.

Die Zwiebelcracker nach Belieben mit den Burgern, Salat,
Zwiebeln, Tomaten und Gurken belegen und mit Ketchup
und dem Cheezy Dip würzen. Die Pommes daneben anrichten.

Hauptgerichte 117

JAPANESE FEELING
Buntes Sushi und Frühlingsrollen

JE 5 SUSHI- UND FRÜHLINGSROLLEN

FÜR DAS SUSHI
5 Noriblätter
1 Rezept Blumenkohl-
reis (S. 110)
2 Karotten, in Julienne-
streifen
½ Gurke, in Julienne-
streifen
je 1 rote und gelbe
Paprikaschote, in
Juliennestreifen
1 Avocado, in feinen
Streifen
1 Handvoll Sprossen
(z.B. Alfalfa, Brokkoli,
Rettich, Radieschen,
Mungobohne)

FÜR DIE FRÜHLINGS-
ROLLEN
5 Reisblätter
2 Karotten, in Julienne-
streifen
½ Gurke, in Julienne-
streifen
je 1 rote und gelbe
Paprikaschote, in
Juliennestreifen
1 Avocado, in feinen
Streifen
1 Stange Sellerie, in
sehr feinen Ringen
1 Handvoll Sprossen
(siehe Sushi)
2–3 EL fein gehackter
Koriander
½ Handvoll Feldsalat,
gezupft

Zubereitung: **20 Minuten**

Für das Sushi die Noriblätter auf eine Sushimatte legen.
Am unteren Ende je etwa 2 EL Blumenkohlreis verteilen.
Darauf die restlichen Zutaten verteilen und die Rolle fest
nach oben aufrollen. Mit einem Tropfen Wasser den oberen Rand benetzen und die Rolle verschließen. Dann mit
einem scharfen Messer in Sushischeiben schneiden.

Für die Frühlingsrollen die Reisblätter kurz vollständig be-
feuchten und auf eine glatte Fläche legen. Die Füllzutaten
in einer Linie verteilen. Dabei jeweils einen etwa 1 ½ cm
breiten Rand frei lassen, damit sich die Rollen gut verschließen lassen. Die Rollen links und rechts am Rand um-
schlagen und fest nach oben aufrollen.

Sushi und Frühlingsrollen nach Belieben mit verschiedenen Dips (s. Tipp unten) servieren.

MAKRO-SUSHI
Sauerkraut-Sprossen-Rollen

5 SUSHIROLLEN

5 Noriblätter

FÜR DIE AVOCADO-
PASTE
2 Avocados
1 Stück Meerrettich
(2–3 cm)
2 TL Zitronensaft
1 Msp. Kristallsalz

FÜR DIE FÜLLUNG
250 g frisches Sauer-
kraut (S. 114), abge-
tropft
50 g Alfalfa-Sprossen

Zubereitung: **10–15 Minuten**

Für die Avocadopaste alle Zutaten in die Küchenmaschine
geben und zu einer feinen Creme verarbeiten.

Die Noriblätter auf eine Sushimatte legen und jeweils am
unteren Ende mit der Avocadopaste bestreichen. Dann das
Sauerkraut und die Sprossen darauf verteilen.

Die Rollen fest nach oben hin aufrollen. Mit einem Tropfen
Wasser den oberen Rand benetzen und die Rolle verschließen. Nun mit einem scharfen Messer in Sushischeiben
schneiden.

Tipp: Die Makro-Rollen schmecken pur hervorragend, eig-
nen sich aber auch zum Dippen. Besonders gut passen
Mango-Chili-Dip (S. 176), Chili-Limetten-Sauce (S. 175) oder
Nama Shoyu (unpasteurisierte Sojasauce).

Hauptgerichte 119

ASIAN BABYFACE
Asiatisches Gemüse mit Blumenkohlreis-Timbale

Bunter geht es kaum. Ein echter Hingucker mit Gute-Laune-Faktor, knackfrisch gezaubert.

3–4 PORTIONEN

FÜR DAS GEMÜSE
200 g Brokkoli, in Röschen geteilt
100 g Weißkohl (oder Chinakohl), fein geschnitten
100 g Karotte, in Juliennestreifen
50 g Knollensellerie, in Juliennestreifen
je ½ Zucchini und rote Paprikaschote, in Juliennestreifen
½ Lauchstange, in feinen Ringen
½ Gurke, fein gehackt

FÜR DIE MARINADE
Saft von 1 Orange
Saft von ½ Zitrone
2 EL weißes Miso
2 TL Mandelöl
1 TL Birkenzucker/ Xylitol (oder 1 Msp. Steviapulver)

FÜR DIE ASIATISCHE SAUCE
1 rote Paprikaschote, grob gehackt

50 g Stangensellerie, grob gehackt
1 Stange Zitronengras, grob gehackt
1 Orange
3 Datteln, entsteint und eingeweicht
1 Chilischote
1 Stück Ingwer (etwa 1 cm)
1 Stück Kurkuma (etwa 1 cm) oder ½ TL Kurkumapulver
2 EL Tahin (Sesammus)
1½–2 EL weißes Miso
3 EL Zitronensaft
1 TL Senf
2 TL Flohsamenschalen

FÜR DEN BLUMEN-KOHLREIS
500 g Blumenkohl, grob gehackt
1 TL helles Mandelmus
¼ TL Salz

ZUM GARNIEREN
2 TL schwarze und weiße Sesamsamen
einige Korianderblätter

Zubereitung: 15–20 Minuten • **Marinieren:** 4 Stunden

Für das Gemüse alle Zutaten in eine große Schüssel geben und vermischen.

Für die Marinade alle Zutaten mit dem Mixstab verrühren, über das Gemüse geben und gut vermengen. Das Gemüse etwa 4 Stunden marinieren.

Für die asiatische Sauce alle Zutaten in den Mixer geben und cremig pürieren. Die Sauce zum marinierten Gemüse geben und unterrühren.

Für den Blumenkohlreis alle Zutaten in die Küchenmaschine geben. In Intervallen mixen, bis eine reisähnliche Konsistenz erreicht ist.

Das Gemüse auf Tellern anrichten. Den Blumenkohlreis in kleine Schüsseln drücken und auf das Gemüse stürzen, dann mit dem Sesam bestreuen. Mit den Korianderblättern garnieren.

Hauptgerichte 121

122　Von schnell bis edel

ASIAN CLASSIC
Asiatische Gemüse-Nudel-Pfanne

Begeistert garantiert alle Liebhaber der asiatischen Küche. Köstlich, leicht und knackfrisch.

3–4 PORTIONEN

1 Packung Kelpnudeln

FÜR DAS GEMÜSE
200 g Champignons, in Scheiben
200 g Brokkoli, in Röschen geteilt
100 g Karotten, in Juliennestreifen
50 g Knollensellerie, in Juliennestreifen
je ½ Zucchini und rote Paprikaschote, in Juliennestreifen
½ Stange Lauch, in feinen Ringen

FÜR DIE MARINADE
2 Datteln, entsteint und eingeweicht
1 Knoblauchzehe
4 EL Nama Shoyu (unpasteurisierte Sojasauce)
Saft von ½ Zitrone
2 TL Hanföl
etwa 1 TL Kristallsalz

ZUM GARNIEREN
frisch gehackte Kräuter und Sprossen (nach Belieben)

Zubereitung: 15 Minuten • Marinieren: 2–4 Stunden

Für das Gemüse alle Zutaten in eine große Schüssel geben.

Die Kelpnudeln unter fließendem Wasser abspülen, abtropfen lassen und per Hand auflockern. Dann zum Gemüse in die Schüssel geben und unterheben.

Alle Zutaten für die Marinade mit einem Mixstab pürieren und mit der Gemüse-Nudel-Mischung vermengen. Das Gericht 2–4 Stunden (oder über Nacht) marinieren, zwischendurch nochmals durchmischen.

Mit Kräutern und Sprossen garniert servieren.

FLYING CARPET
Falafel mit Hummus und Tzatziki

4–5 PORTIONEN ALS SNACK

FÜR DIE FALAFEL
160 g Kichererbsen, gekeimt
150 g Sonnenblumenkerne, gekeimt
160 g Mandelmehl
1 mittelgroße Zwiebel
2 Knoblauchzehen
Saft von ½ Zitrone
3 EL Olivenöl
1 TL Salz
¼ TL gemahlener Koriander
1 Msp. Cayennepfeffer

1 Msp. Kreuzkümmel, gemörsert
2–3 EL fein gehackte Petersilie

AUSSERDEM
große Salatblätter
3 TL fein gehackte Petersilie (oder Koriander)
Kirschtomaten
1 Rezept Hummus (S. 170)
1 Rezept Tzatziki (S. 168)

Zubereitung: 15–20 Minuten • Trocknen: 12–15 Stunden

Für die Falafel alle Zutaten mit Ausnahme der Petersilie in der Küchenmaschine zu einem homogenen Teig verarbeiten. In einer Schüssel die Petersilie per Hand unterkneten.

Aus dem Teig Falafeltaler (etwa 3 cm Ø,1½ cm dick) formen. Auf eine Dörrfolie legen und im Dörrautomaten bei 42 °C in 12–15 Stunden trocknen. Nach etwa 4 Stunden die Dörrfolie entfernen.

Zum Servieren die Falafel auf ein Salatbett legen, mit der Petersilie bestreuen und die Tomaten daneben anrichten. Hummus und Tzatziki getrennt dazu reichen.

Hauptgerichte 123

PRETTY IN PINK
Mairübchentaschen mit Rote-Bete-Kokos-Füllung

2–3 PORTIONEN

3 Mairübchen

FÜR DIE MARINADE
Saft von ½ Zitrone
1 TL Hanföl
3 Msp. Salz

FÜR DIE FÜLLUNG
100 g Kokosfleisch
60 g Macadamianüsse,
eingeweicht
60 g Rote Bete, grob
zerkleinert

¾ Apfel, grob zerkleinert
2 EL Kokosmehl
Saft von ½ Zitrone
Kristallsalz
frisch gemahlener
weißer Pfeffer
40 g Rosinen
1 EL fein gehacktes
Basilikum
1 EL fein gehackte
Petersilie, mehr zum
Garnieren

Zubereitung: **10 Minuten** • Marinieren: **1 Stunde**

Die Mairübchen mit einer Mandoline in dünne Scheiben schneiden.

Für die Marinade alle Zutaten verrühren und über die Mairübchenscheiben gießen. Etwa 1 Stunde marinieren.

Für die Füllung alle Zutaten mit Ausnahme der Rosinen und der frischen Kräuter in die Küchenmaschine geben und zu einer feinen Creme verarbeiten. Diese in eine Schüssel füllen und die Rosinen sowie die Kräuter unterheben.

Zum Füllen der Taschen die Hälfte der Mairübchenscheiben auf eine glatte Fläche legen. Je 1 TL Füllung mittig platzieren und eine Mairübchenscheibe darüberlegen. Diese seitlich andrücken.

Die Mairübchentaschen auf Tellern anrichten und mit gehackter Petersilie bestreuen.

SCHASCHLIK
Bunte Gemüsespieße

6 SPIESSE

FÜR DAS GEMÜSE
¼ Butternusskürbis,
grob gewürfelt
1 rote Paprikaschote,
grob gewürfelt
1 Zucchini, grob
gewürfelt
6 mittelgroße Champignons
6 Kirschtomaten
6 Brokkoliröschen
2 Zwiebeln, grob
gewürfelt

FÜR DIE MARINADE
4 EL Olivenöl
Saft von ½ Zitrone
Saft von 1 Orange
1 Knoblauchzehe, fein
gehackt
je 2 EL fein gehackter
Rosmarin und Petersilie
½–1 TL Birkenzucker/
Xylitol
Kristallsalz
frisch gemahlener
Pfeffer
Chilipulver

Zubereitung: **10–15 Minuten** • Marinieren: **2–4 Stunden**
Trocknen: **6–8 Stunden**

Alle Zutaten für die Marinade mischen und das Gemüse darin 2–4 Stunden marinieren.

Das marinierte Gemüse abwechselnd auf sechs Holzspieße stecken und im Dörrautomaten bei 42 °C in 6–8 Stunden trocknen. Anschließend sofort servieren.

Hauptgerichte 125

CANNELLONI
Zucchinirollen mit Macadamia-Kräuter-Füllung

3 PORTIONEN

3 Zucchini

FÜR DIE MARINADE
Saft von 1 Zitrone
¼ TL Salz
1 EL Olivenöl

FÜR DIE FÜLLUNG
250 g Macadamianüsse,
eingeweicht
je 2 TL fein gehackte Petersilie und Pimpinelle
2 TL Schnittlauch-
röllchen
1 TL fein gehackter
Rosmarin
2 EL Sonnenblumen-
kerne

5 EL frische Maiskörner
½ Karotte, fein
geraspelt
½ rote Paprikaschote,
fein gewürfelt
½ Apfel, fein geraspelt
Kristallsalz
frisch gemahlener
weißer Pfeffer
3 EL Edelhefe (nach
Belieben)

ZUM GARNIEREN
2 EL fein gehackte
gemischte Kräuter
(siehe Füllung)

Zubereitung: 15 Minuten • **Marinieren:** 1 Stunde

Die Zucchini mit einer Mandoline in dünne lange Streifen schneiden.

Für die Marinade alle Zutaten mit 50 ml Wasser verrühren und über die Zucchinistreifen gießen. Etwa 1 Stunde marinieren.

Für die Füllung die Macadamianüsse mit 150 ml Wasser in den Hochleistungsmixer geben und zu einer feinen Creme verarbeiten. Diese in eine Schüssel füllen und die restlichen Zutaten unterheben.

Die Zucchinistreifen abtropfen lassen. Zum Füllen jeweils 4–5 Zucchinistreifen leicht überlappend nebeneinanderlegen und die Füllung jeweils auf dem unteren Drittel verteilen.

Die Zucchinistreifen vorsichtig aufrollen, die Rollen auf Teller legen und mit den gehackten Kräutern bestreuen.

POWER WRAPS
Wraps mit Gemüsefüllung

2 PORTIONEN

6 Wirsing- oder
Radicchioblätter

FÜR DIE FÜLLUNG
2 Avocados
3 Tomaten, geviertelt
¾ Zucchini, grob
gewürfelt
3 TL grob zerkleinerter
Schnittlauch
1 Msp. Cayennepfeffer
2 Msp. frisch geriebene
Muskatnuss
frisch gemahlener
Pfeffer

Kristallsalz
8 Kirschtomaten, klein
gewürfelt
3 TL feine Schnittlauch-
röllchen
3 TL fein gehackte
Petersilie
1 Karotte, fein geraspelt

AUSSERDEM
1 EL fein gehackte
Petersilie
6 EL Sprossen nach
Geschmack

Zubereitung: 10 Minuten

Die Wirsing- oder Radicchioblätter auf eine glatte Fläche legen und mit einem scharfen Messer die dicken Blattrippen von der Mitte nach außen etwas abtragen, sodass das Blatt flexibler wird.

Für die Füllung Avocados, Tomaten, Zucchini, Schnittlauch, Cayennepfeffer, Muskat, Pfeffer und Salz in die Küchenmaschine geben und zu einer leicht groben Masse mixen. In eine Schüssel füllen und die restlichen Zutaten unterheben.

Die Füllung mittig auf den Wirsing- oder Radicchioblättern platzieren. Mit der Petersilie und den Sprossen bestreuen und zu Wraps aufwickeln.

KAPITEL 5

Das Beste zum Schluss:

FÜR NASCH-KATZEN

GRANDMOTHER'S APPLE STRUDEL
Apfelstrudel fast wie bei Oma

Gutes kann so einfach sein. Gelingt garantiert und lässt Kinder- und Erwachsenenherzen höher schlagen.

1 STRUDEL

1 Apfelleder (S. 178)

FÜR DIE FÜLLUNG
8 Äpfel (3 Äpfel grob gewürfelt, 5 Äpfel fein gewürfelt)
50 g Datteln
Saft von ½ Zitrone

2 TL Mesquitepulver
2 TL Flohsamenschalen
1 TL Ceylonzimt
½ TL Sternanis
½ TL Vanillepulver
180 g Rosinen

Zubereitung: 10 Minuten

Alle Zutaten mit Ausnahme der fünf fein gewürfelten Äpfel und der Rosinen in den Mixer geben und zu einer Fruchtcreme pürieren. Diese in eine Schüssel geben und die fein gewürfelten Äpfel und die Rosinen unterheben.

Das Apfelleder auf einen Servierteller legen und im vorderen Drittel längs die Füllung hineingeben. Das Fruchtleder an den kurzen Enden einschlagen und das zugewandte lange Ende zur Mitte hin hinter die Füllung ziehen, leicht anziehen und den Strudel einrollen.

SUN IS SHINING
Mangopudding

Lass die Sonne in dein Herz mit leichtem Sommerfeeling ... ein echter Genuss!

2 PORTIONEN

1 Mango
5 gehäufte EL Buchweizen, gekeimt
5 Blätter Ananassalbei (oder Taubnessel)

1 Msp. Ceylonzimt
1 Prise frisch geriebene Muskatnuss
Süße nach Belieben

Zubereitung: 5 Minuten

Alle Zutaten zusammen mit 200 ml Wasser in den Mixer geben, zu einem Pudding mixen und nach Belieben süßen.

Das Beste zum Schluss

Für Naschkatzen

132 Das Beste zum Schluss

WARMING FIGS
Feigen-Buchweizen-Creme

2 PORTIONEN

3 Feigen
150 g Buchweizen, gekeimt
80 ml Mandelmilch (S. 166)

3 EL Agavensirup
1 EL Lucumapulver
¼ TL Vanillepulver

ZUM GARNIEREN
2 Feigenachtel

Zubereitung: 5 Minuten

Alle Zutaten in den Mixer geben und zu einer feinen Creme verarbeiten.

Diese in zwei Schälchen füllen und mit je einem Feigenachtel garnieren.

CALMING BANANA
Bananen„grieß"brei

2 PORTIONEN

5 Bananen
Saft von ½ Zitrone
3 TL Flohsamenschalen
1 Msp. Vanillepulver

ZUM GARNIEREN
Zimt, Rosinen oder Maca-Raspel

Zubereitung: 5 Minuten

Alle Zutaten in den Mixer geben und zu einer feinen Creme verarbeiten.

Diese auf zwei Schälchen verteilen und mit Zimt, Rosinen oder Macaraspeln garnieren.

GET FRESH
Erfrischende Joghurtschokolade

400–490 G

250 g Kakaobutter, zerlassen
60 g Birkenzucker/ Xylitol
40 g Cashewkerne

40 g Lucumapulver
40 g Baobabpulver
10 g Erdbeerpulver
1 Msp. Vanillepulver
1 Prise Kristallsalz

Zubereitung: 5 Minuten • Ruhen: etwa 30 Minuten

Alle Zutaten in den Hochleistungsmixer geben und zu einer cremig-flüssigen Schokoladenmasse verarbeiten. Diese in beliebige kleine Silikonformen füllen und etwa 30 Minuten im Kühlschrank aushärten lassen.

Tipp: Das Erdbeerpulver kann durch Fruchtpulver nach Geschmack ersetzt werden. Gojibeeren, Haselnüsse, Blütenpollen oder Kakao-Nibs verfeinern die Schokoladenmasse. Ohne Hochleistungsmixer kommt man aus, wenn man Mandelmus statt Cashewkerne benutzt.

VANILLA KISSED
Vanilletraum

3 PORTIONEN

FÜR DIE VANILLE-
CREME
200 g Cashewkerne,
eingeweicht
100 ml Mandelmilch
(S. 166)
2 Bananen
Saft von 1 Orange
Saft von ½ Zitrone

3 TL Lucumapulver
1 Prise Kristallsalz
½ TL Vanillepulver
Süße nach Belieben

ZUM GARNIEREN
1 TL fein geriebene
Zitronenschale

Zubereitung: 10 Minuten

Für die Vanillecreme alle Zutaten in den Hochleistungsmixer geben und zu einer feinen Creme verarbeiten.

Die Creme in Gläser oder Schälchen füllen und mit der geriebenen Zitronenschale bestreuen.

TRICOLOR DREAM
Schoko-Vanille-Himbeer-Traum

4 PORTIONEN

FÜR DIE VANILLE-
CREME
160 g Cashewkerne,
eingeweicht
100 ml Irish-Moss-Gel
(S. 177)
100 ml Mandelmilch
(S. 166)
Saft von ½ Zitrone
100 g Birkenzucker/
Xylitol
1 Prise Kristallsalz
½ TL Vanillepulver

FÜR DIE HIMBEER-
CREME
200 g Himbeeren
2 EL Flohsamenschalen

FÜR DIE SCHOKO-
CREME
½ Rezept Schoko-
mousse (S. 136)

ZUM GARNIEREN
2 EL feine Kokosraspel

Zubereitung: 20 Minuten

Für die Vanillecreme alle Zutaten in den Hochleistungsmixer geben und zu einer feinen Creme mixen. Die Hälfte der Vanillecreme herausnehmen und beiseitestellen, die andere Hälfte im Mixer belassen.

Für die Himbeercreme die Himbeeren zur Vanillecreme in den Mixer geben und mixen. Die Creme durch ein Sieb passieren, anschließend die Flohsamenschalen dazugeben und alles noch einmal durchmischen.

Die Vanillecreme, die Himbeercreme sowie die Schokomousse in dekorative Gläser schichten und mit den Kokosraspeln bestreuen.

CRAZY MONKEYS IN PINK
Bananencrêpes mit Himbeercreme

7 CRÊPES

FÜR DEN CRÊPETEIG
4 Bananen
Saft von ½ Zitrone
3 EL Flohsamenschalen
3 TL Chiasamenmehl
½ TL Vanillepulver
1 Prise Kristallsalz

FÜR DIE HIMBEER-
CREME
200 g Himbeeren
100 g Cashewkerne, eingeweicht
4 Bananen
2 TL Zitronensaft
1 Msp. Vanillepulver

AUSSERDEM
100 g Himbeeren

Tipp: Zum Füllen der Crêpes eignen sich anstelle der Himbeeren auch andere Früchte sehr gut, z.B. Pfirsiche, Kirschen oder Nektarinen.

Zubereitung: 5 Minuten • Trocknen: 6–9 Stunden

Für die Crêpes alle Zutaten im Mixer zu einem homogenen Teig mixen. Diesen auf einer Dörrfolie zu sieben gleich großen Crêpes verstreichen und im Dörrautomaten bei 42 °C in 6–9 Stunden trocknen. Nach etwa 4 Stunden die Dörrfolie entfernen und die Crêpes weiter trocknen, bis der gewünschte Trockengrad erreicht ist. (Sie sollten noch flexibel sein!)

Für die Himbeercreme alle Zutaten in den Mixer geben und fein pürieren.

Die Crêpes aufeinanderschichten, dabei jede Crêpe mit Creme bestreichen und mit frischen Himbeeren belegen.

Für Naschkatzen

HAPPY CHOC
Schokomousse

... zum Träumen und Hineinsetzen. Mousse au Schoki entführt dich in eine Parallelwelt.

6 PORTIONEN

2 Avocados
200 g Datteln, entsteint und eingeweicht
100 ml Mandelmilch (S. 166)
80 g Kakaopulver (oder Carobpulver)
2 EL Agavensirup

2 TL Macapulver (nach Belieben)
½ TL Vanillepulver
1 Prise Kristallsalz

ZUM GARNIEREN (nach Belieben)
Macaraspel, Kakao-Nibs

Zubereitung: 10 Minuten

Für die Schokomousse alle Zutaten in den Hochleistungsmixer geben und zu einer feinen Creme verarbeiten.

Die Creme in Gläser oder Schälchen füllen und nach Belieben mit Macaraspeln oder Kakao-Nibs bestreuen.

VIRGIN PINK PANTHER
Rhabarbermus an Erdbeercreme

Für die kleine Nascherei zwischendurch. Perfekt kombiniert mit süßsaurer Note.

6 PORTIONEN

FÜR DAS RHABARBER-MUS
400 g Rhabarber
4 EL Birkenzucker/Xylitol (oder Agavensirup)
Saft von ½ Zitrone
1 TL Vanillepulver
1 TL Flohsamenschalen
1 Prise Salz

FÜR DIE ERDBEER-CREME
300 g Erdbeeren
4 Datteln, entsteint und eingeweicht
100 g Cashewkerne, eingeweicht
1 EL Zitronensaft
1 TL Vanillepulver

Zubereitung: 5 Minuten

Für das Rhabarbermus zwei Drittel des Rhabarbers mit den übrigen Zutaten in den Mixer geben und fein mixen. Das Mus in eine Schüssel füllen. Den restlichen Rhabarber fein hacken und unterheben.

Für die Erdbeercreme alle Zutaten zusammen mit 80 ml Wasser (idealerweise das Einweichwasser der Datteln) in den Mixer geben und zu einer feinen Creme verarbeiten.

Das Rhabarbermus und die Erdbeercreme in vier Schälchen anrichten.

HEAVENLY BANANA CREAM
Bananencreme

So köstlich! Die Kochbanane gibt ihr cremig-volles Aroma zum Besten. Der Buchweizen sättigt sehr gut.

2 PORTIONEN

150 g Buchweizen, gekeimt
1 Banane
1 sehr reife Kochbanane
etwa 100 ml Mandelmilch (S. 166)
2 TL Kokosöl, zerlassen

2 EL Lucumapulver
1 Prise Kristallsalz

ZUM GARNIEREN
4 Pekannüsse, gehackt
(oder Walnüsse)

Zubereitung: **5 Minuten**

Alle Zutaten in den Mixer geben und zu einer feinen Creme verarbeiten; dabei die Mandelmilch nach und nach dazugeben und nur so viel verwenden, bis die gewünschte Konsistenz erreicht ist.

Die Creme in zwei Gläser oder Schüsseln füllen und mit den gehackten Nüssen bestreuen.

FRESH & SEXY
Fruchtig-feine Kokoscreme

Erfrischung zum Löffeln: Schisandrabeeren, Kurkuma und Ingwer geben neue Energie und heizen ein.

4 PORTIONEN

1 Thai-Kokosnuss
(Fleisch und 300 ml Kokoswasser; siehe auch Tipp)
2 Orangen, filetiert
Saft von ½ Zitrone
1 Stück Ingwer (½ cm)
3 Schisandrabeeren
2 EL Kokosmehl
½ TL Vanillepulver
¼ TL Kurkumapulver
1 Prise Kristallsalz

3 EL Granatapfelkerne
2 EL Chiasamen (nach Belieben)

ZUM GARNIEREN
1 TL abgeriebene, unbehandelte Orangenschale
je ½ EL fein gehackter Koriander und Basilikum (oder Thai-Basilikum)

Zubereitung: **10 Minuten** • Ruhen: **20 Minuten**

Alle Zutaten mit Ausnahme der Granatapfelkerne und Chiasamen in den Hochleistungsmixer geben und zu einer homogenen Creme verarbeiten.

Die Masse in eine Schüssel füllen und die Granatapfelkerne und nach Belieben die Chiasamen unterheben.

Die Creme in Schalen oder Gläser füllen und etwa 20 Minuten ruhen lassen. Vor dem Servieren mit Orangenschale und Kräutern garnieren.

Tipp: Falls keine frische Kokosnuss verfügbar ist, kann man als Ersatz auch 160 g Kokosmus mit 300 ml Kokoswasser und 3–4 EL Kokosmehl (Fertigprodukte) verwenden.

VIRGIN COCO-NUT DREAM
Zarte Kokosnusscreme

4 PORTIONEN

Zubereitung: 5 Minuten
Ruhen: 20 Minuten

1 Thai-Kokosnuss (Fleisch und 300 ml Kokoswasser; s. Tipp S. 138)
2 EL Birkenzucker/Xylitol
½ TL Vanillepulver
1 Prise Kristallsalz
3 EL Kokosflakes
2 EL Chiasamen (nach Belieben)

ZUM GARNIEREN
4 TL pinkfarbene Kokosflakes (S. 166)

Alle Zutaten mit Ausnahme der Kokosflakes und Chiasamen in den Hochleistungsmixer geben und zu einer homogenen Creme verarbeiten.

Die Masse in eine Schüssel füllen und die Kokosflakes und nach Belieben die Chiasamen unterheben.

Die Creme in Schalen oder Gläser füllen und etwa 20 Minuten ruhen lassen. Vor dem Servieren mit den pinkfarbenen Kokosflakes garnieren.

Für Naschkatzen

PROMISED LOVE
Mandelkuchen mit Kirschswirls

Zum Essen eigentlich viel zu schade ... Ein Liebesgruß für den Schatz.

1 SPRINGFORM (18 CM Ø)

FÜR DEN BODEN
250 g Mandeln
100 g Datteln, entsteint und eingeweicht
50 g Chiasamenmehl
3 EL Lucumapulver
1 TL Vanillepulver
1 Prise Kristallsalz
einige Kirschen, entsteint

FÜR DIE FÜLLUNG
50 g Irish Moss, eingeweicht
400 ml Mandelmilch (S. 166)
40 g Cashewkerne, eingeweicht

200 g Birkenzucker/ Xylitol
1 TL Vanillepulver
1 Prise Salz
150 ml Kakaobutter, zerlassen

FÜR DIE KIRSCHSWIRLS
70 g Kirschen, entsteint
3 TL Kakaobutter, zerlassen
2 Datteln, entsteint und eingeweicht
1 TL Zitronensaft
½ TL Vanillepulver
1 Prise Kristallsalz

Zubereitung: 5 Minuten • **Ruhen:** mind. 4 Stunden

Für den Boden alle Zutaten mit Ausnahme der Kirschen in einer Küchenmaschine zu einem homogenen Teig mixen. Wasser (maximal 120 ml) nach Bedarf hinzufügen.

Den Boden der Springform mit Klarsichtfolie auslegen. Den Teig gleichmäßig in der Form verteilen und mit einem Esslöffel fest andrücken. Die Kirschen darauf verteilen und den Kuchenboden in den Kühlschrank stellen, bis die Füllung zubereitet ist.

Für die Füllung das Irish Moss mit der Mandelmilch in den Hochleistungsmixer geben und etwa 2 Minuten mixen, bis eine glatte Flüssigkeit entstanden ist und keine Stücke mehr zu erkennen sind.

Nun alle anderen Zutaten außer der Kakaobutter dazugeben und zu einer Creme mixen. Die Kakaobutter hinzufügen und noch einmal kurz durchmixen. Die Masse vorsichtig in die Form auf den Kuchenboden geben und glatt streichen.

Für die Kirschswirls alle Zutaten im Mixer zu einer gleichmäßigen Fruchtmasse verarbeiten. Die Kirschmasse in Klecksen (etwa 2 cm Ø) auf dem Kuchen verteilen. Dann mit einem langen Stäbchen oder einer Gabel etwa 1 cm tief in den Kuchen drücken und mit gleichmäßig kreisenden Bewegungen durch den Kuchen bewegen, bis ein schönes Muster entstanden ist.

Den Kuchen mindestens 4 Stunden (oder über Nacht) im Kühlschrank ruhen lassen.

Für Naschkatzen

GRANDMOTHER'S SECRET
Gedeckter Apfelkuchen

1 GERILLTE TORTEN- ODER QUICHEFORM (26 CM Ø)

FÜR DEN BODEN
300 g Paranüsse
180 g Dattelpaste
(S. 174)
50 g Buchweizen,
gekeimt
1 Apfel, grob gehackt
1 EL Kakaobutter,
zerlassen
2 EL Carobpulver
2 EL Mesquitepulver
½ TL Vanillepulver
1 Prise Salz

FÜR DIE FÜLLUNG
50 g Kakaobutter,
zerlassen
30 g Irish Moss, gerei-
nigt und eingeweicht
500 ml Paranussmilch
(S. 166)
50 ml Agavensirup
200 g Cashewkerne,
halbiert
2 EL Mesquitepulver
80 g getrocknete Maul-
beeren,
eingeweicht
½ TL Vanillepulver

FÜR DEN BELAG
2 ½ Äpfel
90 g Rosinen

FÜR DIE MARINADE
180 ml Apfelsaft
100 g Dattelpaste
(S. 174)
Saft von ½ Zitrone
2 EL fein gehackte
Honigmelonensalbei-
Blätter
2 EL Kokosöl, zerlassen
1 TL Mesquitepulver
½ TL Vanillepulver
½ TL Ceylonzimt
1 Prise Kristallsalz

ZUM GARNIEREN
Honigmelonensalbei-
Blätter und -Blüten,
fein gehackt

Zubereitung: 25 Minuten • **Ruhen:** 4–5 Stunden

Für den Boden alle Zutaten in die Küchenmaschine geben und zu einem feinen, leicht klebrigen Teig verarbeiten.

Den Boden der Kuchenform mit Frischhaltefolie oder Backpapier auslegen. Den Teig mit den Händen oder der Rückseite eines Esslöffels gleichmäßig auf dem Boden der Kuchenform verteilen, festdrücken sowie einen Rand formen. In den Kühlschrank stellen, bis die Füllung zubereitet ist.

Für den Füllung die Kakaobutter, das Irish Moss und die Paranussmilch in den Hochleistungsmixer geben und 1–2 Minuten auf höchster Stufe mixen, bis das Irish Moss vollständig aufgelöst ist. Dann alle übrigen Zutaten hinzufügen und cremig mixen. Die Masse auf den Teig gießen und für etwa 3 Stunden in den Kühlschrank stellen.

In der Zwischenzeit für den Belag die Äpfel in dünne Scheiben schneiden und mit den Rosinen in eine Schüssel geben.

Für die Marinade alle Zutaten im Mixer fein mixen, über die Äpfel und die Rosinen gießen und diese marinieren, bis der Kuchen fertig gekühlt ist. Die Äpfel und Rosinen abtropfen lassen und den Kuchen damit belegen. Den Apfelkuchen vor dem Verzehr weitere 1–2 Stunden im Kühlschrank ruhen lassen.

Mit fein gehackten Honigmelonensalbei-Blättern und -Blüten bestreuen.

Für Naschkatzen

BLACK FOREST CAKE
Torte à la Schwarzwälder Kirsch

1 SPRINGFORM (18 CM Ø)

FÜR DEN BODEN
270 g Mandeln,
 eingeweicht
110 g geschälte Erd-
mandeln, eingeweicht
250 g Datteln, entsteint
und eingeweicht
2 EL Kakaopulver
1 Prise Kristallsalz

FÜR DAS KIRSCHGELEE
200 g Kirschen,
entsteint
1 EL Flohsamenschalen
6 Datteln, entsteint und
eingeweicht
1 EL Agavensirup
Saft von ½ Zitrone
1 Prise Kristallsalz
1 Msp. Vanillepulver

FÜR DEN KOKOSTEIG
650 ml Mandelmilch
(S. 166)
50 g Irish Moss, gerei-
nigt und eingeweicht
100 g Birkenzucker/
Xylitol
1 Prise Kristallsalz
150 ml Kokosöl,
zerlassen
4 EL Kokosmus
80 g Kakaobutter,
zerlassen
¾ TL Vanillepulver

FÜR DAS FROSTING
70 g Kakaobutter,
zerlassen

ZUM GARNIEREN
150 ml dunkle Creme-
schokolade (S. 151
unten), zerlassen
2–3 EL Kakao-Nibs
(nach Belieben)
6–8 Kirschen

Zubereitung: 30 Minuten • **Ruhen:** mind. 10 Stunden

Für den Boden die Mandeln und die Erdmandeln in der Küchenmaschine grob zerkleinern. Dann alle weiteren Zutaten hinzufügen und zu einem feinen, leicht klebrigen Teig
verarbeiten. Diesen in drei gleich große Portionen teilen.

Die Springform mit Frischhaltefolie auslegen, damit sich
die Torte später besser lösen lässt. Eine Portion des Bodenteigs darin gleichmäßig verteilen und mit der Rückseite
eines Esslöffels festdrücken.

Für das Kirschgelee alle Zutaten mit Ausnahme der Kirschen und der Flohsamenschalen zusammen mit 6 EL
Wasser im Mixer vermischen. Dann die Kirschen und die
Flohsamenschalen unterrühren. Die Hälfte des Kirsch-
gelees auf dem Boden in der Springform verteilen. Die
zweite Hälfte beiseitestellen.

Für den Kokosteig die Mandelmilch und das Irish Moss in
den Hochleistungsmixer geben und 1–2 Minuten mixen,
bis das Irish Moss vollständig aufgelöst ist. Dann den Birkenzucker und das Kristallsalz hinzufügen und gut mixen.
Nun Kokosöl, Kokosmus, Kakaobutter und Vanillepulver
dazugeben und alle Zutaten bei langsamer Umdrehung zu
einer feinen Creme mixen. Den Kokosteig in drei gleich
große Portionen teilen. Eine Portion auf den Tortenboden
mit dem Kirschgelee gießen. Die Torte 2–3 Stunden im
Kühlschrank ruhen lassen.

Die zweite Portion Bodenteig ausrollen und auf die Torte
legen, das restliche Kirschgelee darauf verteilen und eine
weitere Kokosteigportion darübergießen. Die Torte weitere
2–3 Stunden im Kühlschrank ruhen lassen.

Inzwischen für das Frosting die dritte Kokosteigportion mit
der Kakaobutter mixen und für etwa 1 Stunde kühl stellen.

Die dritte Portion des Bodenteigs ausrollen, auf die ge-
kühlte Torte legen und andrücken. Die Torte aus der
Springform lösen. Mit einer breiten Palette das Frosting
gleichmäßig auf Oberfläche und Rand der Torte auftragen.

Die Torte mit der Schokolade und nach Belieben mit
Kakao-Nibs verzieren und die Kirschen darauf platzieren.
Für weitere 6–8 Stunden (oder über Nacht) kühl stellen.

COFFEE LOVERS
Mandel-Cashew-Kuchen mit Kaffeefüllung

1 SPRINGFORM (26 CM Ø)

FÜR DEN BODEN
100 g Datteln, entsteint und eingeweicht
90 g Mandeln, eingeweicht
60 g Pekannüsse, eingeweicht
je 2 TL Kakaopulver und Macapulver
1 Prise Kristallsalz

FÜR DEN MANDEL-CASHEW-TEIG
400 ml Mandelmilch (S. 166)
40 g Irish Moss, gereinigt und eingeweicht
250 g Cashewkerne, eingeweicht
130 g Birkenzucker/Xylitol

200 g Kakaobutter, zerlassen
100 ml Kokosöl, zerlassen
1 TL Vanillepulver
1 Prise Kristallsalz

FÜR DIE KAFFEE-FÜLLUNG
100 ml Mandelmilch (S. 166)
60 g Kakaopulver
50 ml Agavensirup
2 TL Espressopulver
6 Datteln, entsteint und eingeweicht

ZUM GARNIEREN
Kakao-Nibs

Zubereitung: 5 Minuten • **Ruhen:** 5–8 Stunden

Für den Boden alle Zutaten in der Küchenmaschine zu einem leicht klebrigen Teig verarbeiten. Diesen in eine mit Frischhaltefolie ausgelegte Springform geben, mit der Rückseite eines Esslöffels flach andrücken. Kühl beiseitestellen.

Für den Mandel-Cashew-Teig die Mandelmilch und das Irish Moss im Hochleistungsmixer 1–2 Minuten auf höchster Stufe mixen, bis das Irish Moss vollständig aufgelöst ist. Alle weiteren Zutaten hinzufügen und kräftig mixen. Etwa 250 ml der Masse für die Kaffeefüllung und 200 ml zum Bedecken des Kuchens beiseitestellen. Die restliche Masse in die Springform gießen.

Für die Kaffeefüllung die beiseitegestellten 250 ml des Mandel-Cashew-Teiges sowie alle übrigen Zutaten im Hochleistungsmixer zu einer homogenen Creme mixen. Diese in Klecksen (2–3 cm Ø) auf den Kuchen geben, mit einem Sushistäbchen oder der Rückseite einer Gabel 2–3 cm tief in den Kuchen eintauchen und in großzügigen Schleifen ein Muster im Kuchenteig erzeugen.

Den Kuchen 2 Stunden im Kühlschrank ruhen lassen, anschließend mit dem restlichen Teig bedecken. Dann mit Kakao-Nibs garnieren und weitere 3–6 Stunden (oder über Nacht) im Kühlschrank ruhen lassen.

CHOCOLATE CHUNK
Schokoladeneis

ETWA 800 G

650 ml Mandelmilch (S. 166)
60 g Cashewkerne, halbiert (oder Macadamianüsse)
100 g Birkenzucker/Xylitol

3 EL Kakaopulver
¼ TL Vanillepulver

AUSSERDEM (nach Belieben)
2 EL Kakao-Nibs

Zubereitung: 5 Minuten • **Kühlen:** etwa 45 Minuten

Alle Zutaten im Mixer zu einer feinen Eismasse verarbeiten. Nach Belieben die Kakao-Nibs hinzufügen, dann die Eismasse in die Eismaschine füllen. Das Eis nach Bedienungsanleitung herstellen, bis die gewünschte Festigkeit und Kühlung erreicht ist.

Für Naschkatzen

KEY LIME PIE
Erfrischender Limettenkuchen

1 QUICHEFORM (26 CM Ø)

FÜR DEN BODEN
175 g Macadamianüsse
135 g Pekannüsse
85 g Dattelpaste (S. 174)
¼ TL Vanillepulver
1 Msp. Kristallsalz

FÜR DIE FÜLLUNG
200 ml Limettensaft
120 ml Agavensirup
80 ml Kokosmilch
160 g Avocadofrucht-
fleisch

500 ml Kokosöl,
zerlassen
1–1½ TL Chlorellapulver
1 TL Vanillepulver
1 Msp. Kristallsalz

ZUM GARNIEREN
1 Limette, in feinen
Scheiben
1 TL abgeriebene Limet-
tenschale

Zubereitung: 20 Minuten • **Ruhen:** 6 Stunden

Für den Boden alle Zutaten in einer Küchenmaschine ver-mahlen. So viel Wasser hinzufügen, dass ein homogener Teig entsteht.

Den Teig gleichmäßig in einer mit Frischhaltefolie ausge-legten Quicheform verteilen, dabei einen kleinen Rand for-men, und mit dem Rücken eines Esslöffels fest andrücken.

Für die Füllung alle Zutaten im Mixer zu einer homogenen Creme verarbeiten, diese auf den Kuchenboden gießen. Den Kuchen etwa 6 Stunden kühlen.

Mit Limettenscheiben und -schale garnieren.

RAINBOW CUPCAKES
Cupcakes mit bunten Sahnehäubchen

ETWA 15 CUPCAKES JE GRUNDTEIG

FÜR DEN KAROTTEN-
GRUNDTEIG
200 g Pekannüsse
400 g Karotten, grob
gehackt
400 g Dattelpaste
(S. 174)
100 ml Paranussmilch
(S. 166)
1 TL Sonnenblumen-
lezithin
1 TL Vanillepulver
½ TL Kurkumapulver
½ TL Ceylonzimt
2 EL fein gehackte
Zitronenmelisse
1 EL Shatavaripulver

FÜR DEN KOKOS-
MOHN-GRUNDTEIG
200 g Cashewkerne, hal-
biert und eingeweicht
500 g Äpfel, geschält
und grob gehackt
200 g Kokosraspel

100 g Mandeltrester
(S. 166)
80 g Mohn
60 g Kokosmehl
50 ml Kokosöl, zerlassen
Saft von 1 Limette
50 g Lucumapulver
1 TL Sonnenblumen-
lezithin
1 Prise Kristallsalz

FÜR DEN SCHOKOTEIG
½ Rezept Brownieteig
(S. 150)

FÜR DAS FROSTING
220 g Cashewkerne, hal-
biert und eingeweicht
(oder Macadamianüsse)
150 g Kirschen, entsteint
100 g Dattelpaste
(S. 174)
1 TL Zitronensaft
¼ TL Vanillepulver
1 Prise Salz

Zubereitung: 30 Minuten • **Ruhen:** 2 Stunden

Für jeden Grundteig zuerst die Nüsse in die Küchenma-schine geben und in Intervallen hacken, bis sie nur noch leicht grob sind. Dann jeweils alle weiteren Zutaten hinzu-fügen und zu einem leicht klebrigen Teig, der noch etwas Struktur besitzen darf, verarbeiten. Jeden Grundteig in je etwa 15 Cupcake-Förmchen füllen.

Für das Frosting alle Zutaten in den Hochleistungsmixer geben und zu einer noch leicht festen, feinen Creme verar-beiten. Das Frosting in einen Spritzbeutel füllen und die Cupcakes mit einem Häubchen verzieren.

Die Cupcakes etwa 2 Stunden im Kühlschrank ruhen las-sen, dann nach Belieben mit frischen Früchten (Kirschen/ Blaubeeren), Kakao-Nibs oder Macaraspel, zerstoßenen Maulbeeren oder Schisandrabeeren etc. garnieren.

Tipp: Das oben verwendete Frosting ist rot. Für andere Farben einfach die Kirschen durch etwa Blaubeeren (lila/blau), Orangen, Mangos, Nektarinen, Pfirsiche, Papaya oder Persi-mone/Kaki (orange), Kiwi oder ½ TL Chlorellapulver (grün) ersetzen. Kakao- oder Carobpulver ergibt ein bräunliches Frosting.

Das Beste zum Schluss

Für Naschkatzen 149

SOUL FOOD
Brownies mit Nussstreuseln

1 BLECH

FÜR DEN BROWNIE-TEIG
200 g Cashewkerne
200 g Pekannüsse
600 g Dattelpaste
(S. 174)
etwa 200 ml Mandel-milch (S. 166)
100 g Kakaoliquor, zerlassen
3 EL Kakaopulver
1 TL Vanillepulver
1 Prise Kristallsalz
1 Msp. Ceylonzimt oder
1 TL Reishipulver (nach Belieben)

FÜR DIE CREME
150 g Cashewkerne, hal-biert und eingeweicht
100 ml Kokosöl, zerlassen
60 g Birkenzucker/Xylitol
1 TL Zitronensaft
¼ TL Vanillepulver
1 Prise Salz

FÜR DIE NUSS-STREUSEL
80 g Pekannüsse, grob gehackt
80 g Haselnüsse, grob gehackt
50 g Kakao-Nibs

Zubereitung: 20 Minuten

Für den Brownieteig die Cashewkerne und die Pekannüsse in die Küchenmaschine geben und zu einem feinen Mehl verarbeiten. Danach alle weiteren Zutaten hinzufügen und zu einem homogenen Teig verarbeiten (dabei die Mandel-milch nach und nach dazugeben und nur so viel verwenden, bis die gewünschte Konsistenz erreicht ist).

Ein Backblech mit Backpapier oder Frischhaltefolie ausle-gen. Den Brownieteig darauf 3–4 cm dick auftragen und glatt streichen. Das Blech an einen warmen Ort stellen, bis die Creme zubereitet ist.

Für die Creme alle Zutaten in den Hochleistungsmixer geben und zu einer feinen Creme mixen. Den Brownieteig gleichmäßig mit der Creme bestreichen, dann in beliebige Stücke, z.B. Rechtecke oder Rauten, schneiden.

Für die Nussstreusel Nüsse und Kakao-Nibs mischen und die Brownies damit bestreuen.

HAVE A BREAK
Nussknacker

40–45 STÜCK

100 g Mandeln
100 g Cashewkerne
80 g Haselnüsse
80 g Pekannüsse
100 g Rosinen (oder ge-trocknete Maulbeeren)
60 g Gojibeeren
60 g Sonnenblumen-kerne
40 g helle oder dunkle ungeschälte Sesamsa-men
150 g Dattelpaste
(S. 174, oder 60 g Birken-zucker/Xylitol bzw. Agavensirup)

50 g Tahin (Sesammus)
50 g Kakaobutter, zerlassen
30 ml Kokosöl, zerlassen
1 TL Vanillepulver
1 Prise Salz
½ TL Ceylonzimt (oder 1 EL Lucuma-, Maca-, Shatavari-, Mesquite-, Kakaopulver oder Kakao-Nibs, nach Belieben)

Zubereitung: 5 Minuten • **Trocknen:** etwa 12 Stunden
Ruhen: mind. 2 Stunden

Die Mandeln, Cashewkerne, Hasel- und Pekannüsse in die Küchenmaschine geben und grob hacken. Dann den Nuss-mix in eine große Schüssel füllen und mit den restlichen Zutaten per Hand verkneten.

Den Teig in 40–45 Häppchen auf einer Dörrfolie verteilen, diese mit den Handflächen leicht flach drücken und im Dörrautomaten bei 42 °C in etwa 12 Stunden trocknen. An-schließend mindestens 2 Stunden auskühlen lassen.

Tipp: Wildkräuter harmonieren wunderbar mit den Nuss-knackern. Dazu Kräuter nach Wahl fein hacken und unter den Teig kneten.

BRAINPOWER
Nussecken

20–25 STÜCK

FÜR DEN BODEN
300 g Kastanienmehl
150 g Dattelpaste
(S. 174)
90 g Kakaobutter,
zerlassen
¼ TL Vanillepulver
1 Prise Salz

FÜR DEN BELAG
200 g Mandeln
200 g Haselnüsse
100 g Pekannüsse
300 g Dattelpaste
(S. 174)

90 g Kakaobutter,
zerlassen
1 TL Vanillepulver
1 Prise Salz
½ TL Ceylonzimt (oder
1 EL Lucuma -, Maca-,
Shatavari-, Mesquite-,
Kakaopulver oder
Kakao-Nibs, nach
Belieben)

AUSSERDEM
etwas Cremeschokolade
(siehe unten), zerlassen

Zubereitung: 30 Minuten • Trocknen: etwa 12 Stunden
Ruhen: etwa 3 Stunden

Für den Boden alle Zutaten in die Küchenmaschine geben
und zu einem homogenen festen Teig verarbeiten. Eventuell etwas Wasser hinzufügen. Den Teig auf einer Dörrfolie
gleichmäßig dick ausrollen.

Für den Belag die Mandeln, Haselnüsse und Pekannüsse in
der Küchenmaschine grob hacken. Den Nussmix in eine
große Schüssel füllen und mit den restlichen Zutaten per
Hand verkneten.

Den Belag auf dem Boden verteilen, mit den Handflächen
leicht andrücken und im Dörrautomaten bei 42 °C in etwa
12 Stunden trocknen. Die Nussplatte herausnehmen und
2–3 Stunden auskühlen lassen. Dann in Dreiecke schneiden. Die Nussecken in die Schokolade dippen, auf ein
Backpapier legen und etwa 20 Minuten trocknen.

CHOCOLATE TEMPTATIONS
Helle und dunkle Cremeschokolade

400–490 G

FÜR DIE CREME-
SCHOKOLADE
200 g Kakaobutter,
zerlassen
90 g Kakaoliquor,
zerlassen
90 g helles Mandelmus
70 g Birkenzucker/
Xylitol
40 g MaKao-Pulver/
Trinkschokolade (oder
Kakaopulver, Carob-
pulver)

FÜR DIE DUNKLE
SCHOKOLADE
250 g Kakaobutter,
zerlassen

70 g Kakaoliquor,
zerlassen
70 g Birkenzucker/
Xylitol
1 TL Vanillepulver
1 Prise Salz

FÜR DIE WEISSE
SCHOKOLADE
250 g Kakaobutter,
zerlassen
60 g Birkenzucker/
Xylitol
40 g Cashewkerne
40 g Lucumapulver
2 TL Macapulver
1 TL Mesquitepulver
1 Msp. Vanillepulver
1 Prise Kristallsalz

Zubereitung: 10 Minuten • Ruhen: etwa 30 Minuten

Alle Zutaten für die jeweiligen Schokoladensorten separat
in den Hochleistungsmixer geben und zu einer cremig-
flüssigen Schokoladenmasse verarbeiten. Diese in beliebige kleine Silikonformen füllen und etwa 30 Minuten im
Kühlschrank aushärten lassen.

Tipp: Nach Belieben können zu den verschiedenen Scho-
koladenmassen Gojibeeren, Haselnüsse, Blütenpollen oder
Kakao-Nibs hinzugefügt werden.

Für Naschkatzen

CARRIBEAN KISS
Kokoseis

ETWA 700 G

300 ml Kokosmilch
100 g Kokosfleisch
150 g Birkenzucker/Xylitol (oder Agavensirup)

1 Prise Kristallsalz
60 g feine Kokosflakes

Zubereitung: 5 Minuten • Kühlen: etwa 45 Minuten

Alle Zutaten mit Ausnahme der Kokosflakes im Mixer zu einer feinen Eismasse verarbeiten. Diese in eine Schüssel füllen und die Kokosflakes per Hand unterheben.

Die Masse in die Eismaschine füllen und das Eis nach Bedienungsanleitung herstellen, bis die gewünschte Festigkeit und Kühlung erreicht ist.

DONAU GETS STORMY
Donauwelle

1 BLECH (30 X 25 CM)

FÜR DEN HELLEN BODEN
250 g Cashewkerne
2 EL Kakaobutter, zerlassen
2 TL Zitronensaft
2 TL Lucumapulver
1 Msp. Vanillepulver
1 Prise Kristallsalz

FÜR DEN DUNKLEN BODEN
250 g Pekannüsse
140 g Dattelpaste (S. 174)
2 EL Carobpulver
½ TL Sonnenblumenlezithin
½ TL Zitronensaft
¼ TL Vanillepulver

FÜR DEN BELAG
150 g Kirschen, entsteint

FÜR DIE FÜLLUNG
550 ml Mandelmilch (S. 170)
100 g Kakaobutter, zerlassen
30 g Irish Moss, gereinigt und eingeweicht
210 g Cashewkerne, halbiert
110 g Birkenzucker/Xylitol
3 TL Zitronensaft
3 TL Shatavaripulver (oder Macapulver)
1 Prise Kristallsalz

FÜR DEN SCHOKOLADENÜBERZUG
125 g Kakaobutter, zerlassen
75 g Kakaoliquor, zerlassen
30 g Carobpulver
1 Msp. Vanillepulver

Zubereitung: 30 Minuten • Ruhen: 7–8 Stunden

Für den hellen Boden alle Zutaten in der Küchenmaschine zu einem feinen, leicht klebrigen Teig verarbeiten. Mit den Zutaten für den dunklen Boden ebenso verfahren.

Das Blech mit Frischhaltefolie oder Backpapier auslegen. Zuerst den hellen, dann den dunklen Kuchenboden auf dem Blech verteilen und beide Teige andrücken, sodass die grob unregelmäßige, typische „Donauwellenstruktur" entsteht. Die Kirschen in die Einbuchtungen legen.

Für die Füllung Mandelmilch, Kakaobutter und Irish Moss in den Hochleistungsmixer geben und 1–2 Minuten auf höchster Stufe mixen, bis das Irish Moss vollständig aufgelöst ist. Dann die restlichen Zutaten hinzufügen und alles noch einmal cremig mixen. Die Füllung über den Teig und die Kirschen gießen und den Kuchen für etwa 6 Stunden in den Kühlschrank stellen.

In der Zwischenzeit für den Schokoladenüberzug alle Zutaten in einer Schüssel mit einem Schneebesen verrühren. Die Masse gleichmäßig und dünn (nach Belieben auch in Linien oder Wellen) über den Kuchen gießen. Diesen für weitere 1–2 Stunden in den Kühlschrank stellen.

KINGS & QUEENS
Kaiserschmarrn

ETWA 4 PORTIONEN

Zubereitung: 10 Minuten
Trocknen: 9–10 Stunden

300 g Buchweizen
150 ml Mandelmilch (S. 166)
140 g Puderzucker (S. 169)
2 Äpfel, grob gehackt
25 g Chiasamenmehl
20 g Flohsamenschalen
½ TL Vanillepulver
1 Prise Kristallsalz
180 g Rosinen

ZUM BESTAUBEN
30 g Puderzucker (S. 169)

Den Buchweizen im Mixer zu einem feinen Mehl verarbeiten. Mit den restlichen Zutaten mit Ausnahme der Rosinen in die Küchenmaschine geben und zu einem homogenen Teig verarbeiten. Die Rosinen per Hand unterheben.

Den Teig ungleichmäßig dick auf einer Dörrfolie verteilen und im Dörrautomaten bei 42 °C in etwa 4 Stunden trocknen. Anschließend in mundgerechte Stücke teilen und weitere 5–6 Stunden im Dörrautomaten trocknen, bis der gewünschte Trockengrad erreicht ist.

Den Kaiserschmarrn frisch und noch warm mit Puderzucker bestauben und sofort servieren.

Tipp: Für den Kaiserschmarrn kann man auch gekeimten Buchweizen verwenden.

Für Naschkatzen

COOLING GREEN
Pistazien-Kokos-Eis

ETWA 800 G

60 g Pistazien
60 ml Kokosöl
20 g Kokosmus
130 g Cashewkerne
100 g Birkenzucker/
Xylitol

1 TL Gerstengraspulver
1 Msp. Vanillepulver
1 Prise Salz
3 EL feine Kokosraspel

Zubereitung: 5 Minuten • **Kühlen:** etwa 45 Minuten

Alle Zutaten mit Ausnahme der Kokosraspel zusammen mit 400 ml Wasser im Hochleistungsmixer zu einer feinen Masse verarbeiten. Diese mit den Kokosflakes in einer Schüssel vermischen, dann in die Eismaschine füllen. Das Eis nach Bedienungsanleitung herstellen, bis die gewünschte Festigkeit und Kühlung erreicht ist.

MR CACAO AND MRS VANILLA
Stracciatellaeis

Schon als Kind habe ich Stracciatellaeis geliebt: Kakao und Vanille in einer perfekten Mischung!

ETWA 800 G

240 g Cashewkerne
100 g Birkenzucker/
Xylitol
20 g Lucumapulver

½ TL Vanillepulver
1 Prise Kristallsalz
80 g Kakao-Nibs

Zubereitung: 5 Minuten • **Kühlen:** etwa 45 Minuten

Alle Zutaten mit Ausnahme der Kakao-Nibs zusammen mit 350 ml Wasser im Hochleistungsmixer zu einer feinen Masse verarbeiten. Diese mit den Kakao-Nibs in einer Schüssel vermischen, dann in die Eismaschine füllen. Das Eis nach Bedienungsanleitung herstellen, bis die gewünschte Festigkeit und Kühlung erreicht ist.

Tipp: Für ein leichtes Karamellaroma kann das Lucumapulver durch Mesquitepulver ersetzt werden. Schokoladiger schmeckt das Eis mit Carobpulver, MaKao-Pulver/Trinkschokolade oder Kakaopulver anstelle des Lucumapulvers.

MAKE MY DAY
Vanilleeis mit Schokoladenkick

5–6 EIS AM STIEL

250 ml Mandelmilch (S. 166)
200 g Cashewkerne, halbiert und eingeweicht
100 g Birkenzucker/Xylitol (oder Agavensirup)
½ TL Vanillepulver
1 Prise Kristallsalz

FÜR DEN SCHOKOLADENÜBERZUG
Cremeschokolade, zerlassen, nach Geschmack (S. 151)

Zubereitung: **10 Minuten** • Kühlen: **etwa 45 Minuten**

Alle Zutaten für das Eis in den Hochleistungsmixer geben und zu einer feinen Eismasse verarbeiten. Diese nach Anleitung in beliebige Eisformen (mit Stiel) füllen. Die Formen ins Gefrierfach stellen und das Eis gefrieren lassen.

Das Eis am Stiel aus den Formen holen und zweimal in die flüssige Schokolade dippen; dazwischen kurz warten, bis die Schokolade abgekühlt ist.

Für Naschkatzen 155

DREAM ON PINK CLOUDS
Himbeerwolke-Kuchen

1 SPRINGFORM (18 CM Ø)

FÜR DEN BODEN
230 g feine Kokosraspel
200 g Cashewkerne, halbiert
150 g Himbeeren
etwa 85 ml Apfelsaft
3 EL Kokosöl, zerlassen
Saft von ½ Zitrone
¼ TL Vanillepulver
1 Prise Salz

FÜR DIE KUCHEN-MASSE
33 g Irish Moss, gereinigt und eingeweicht
110 g Kakaobutter, zerlassen
300 ml Kokosmilch (oder Kefir, S. 32)
etwa 85 ml Apfelsaft
Saft von 1 Zitrone
1–2 TL Birkenzucker/Xylitol
1 TL Vanillepulver
1 Prise Kristallsalz
215 g Cashewkerne, halbiert
200 g Himbeeren (oder andere Früchte)

Zubereitung: 20 Minuten • **Ruhen:** mind. 6 Stunden

Für den Boden alle Zutaten in die Küchenmaschine geben und zu einem feinen, leicht klebrigen Teig verarbeiten.

Den Boden der Springform mit Frischhaltefolie oder Backpapier auslegen. Den Teig für den Boden hineingeben und mit den Händen oder der Rückseite eines Esslöffels gleichmäßig festdrücken. Die Form in den Kühlschrank stellen, bis die Kuchenmasse fertig ist.

Für die Kuchenmasse alle Zutaten mit Ausnahme der Cashewkerne und der Himbeeren in den Hochleistungsmixer geben und 1–2 Minuten auf höchster Stufe mixen, bis das Irish Moss vollständig aufgelöst ist. Dann die Cashewkerne hinzufügen und alles zu einer Creme verarbeiten. Die Masse in eine Schüssel füllen und die Himbeeren unterheben.

Die Kuchenmasse in die Springform auf den Kuchenboden gießen und in mindestens 6 Stunden (oder über Nacht) im Kühlschrank fest werden lassen.

FRESH PEACH, LEMON & HOLY GREEN
Pfirsich-, Zitronen- und Basilikumsorbet

700–800 G

FÜR DAS PFIRSICH-SORBET
500 g Pfirsiche
100 g Birkenzucker/Xylitol
Saft von ½ Zitrone
1–2 TL Macapulver (nach Belieben)

FÜR DAS ZITRONEN-SORBET
400 ml frischer Zitronensaft
180 g Birkenzucker/Xylitol

FÜR DAS BASILIKUM-SORBET
40 g Basilikumblätter
350 ml Apfelsaft
35 g Birkenzucker/Xylitol

Zubereitung: 5 Minuten • **Ruhen:** je Sorte 45 Minuten

Für die drei Sorbetsorten separat jeweils alle Zutaten im Mixer zu einer feinen Masse verarbeiten. Dabei zum Pfirsichsorbet 100 ml Wasser, zum Zitronensorbet 200 ml Wasser und zum Basilikumsorbet 300 ml Wasser hinzufügen.

Die Eismassen nacheinander in die Eismaschine füllen und die Sorbets nach Bedienungsanleitung herstellen, bis die gewünschte Festigkeit und Kühlung erreicht ist.

PURE PERFECTION
Himmlischer Durianpudding

2 PORTIONEN

300 g tiefgekühltes Durianfruchtfleisch

1 Msp. Vanillepulver

Zubereitung: 5 Minuten

Beide Zutaten im Hochleistungsmixer zu einem cremigen, feinen Pudding verarbeiten und auf zwei Schalen verteilen.

Tipp: An diesem Pudding werden sich die Geister scheiden. Man liebt Durianfrüchte oder man hasst sie! Den Grund für die häufige Ablehnung verrät schon ihr Beiname „Stinkfrucht". Oft sind mehrere Anläufe nötig, bis man seine Liebe zur Durianfrucht entdeckt. Es lohnt sich aber auf jeden Fall!

POWER GETS SMOOTH
Mohn-Vanille-Eis

ETWA 800 G

650 ml Mandelmilch (S. 166)
100 g Birkenzucker/ Xylitol

1–2 TL Macapulver
¼ TL Vanillepulver
3 EL Mohn

Zubereitung: 5 Minuten • Kühlen: etwa 45 Minuten

Alle Zutaten mit Ausnahme des Mohns im Mixer zu einer feinen Masse verarbeiten. Diese mit dem Mohn in einer Schüssel vermischen, dann in die Eismaschine füllen. Das Eis nach Bedienungsanleitung herstellen, bis die gewünschte Festigkeit und Kühlung erreicht ist.

GO TOGETHER
Mandel-Dattel-Riegel

ETWA 20 RIEGEL

2 Apfelleder (S. 178)

FÜR DIE MANDEL-DATTEL-MASSE
200 g Mandeln, eingeweicht
200 g Datteln, entsteint und eingeweicht

1 TL Vanillepulver
1 Prise Salz
½ TL Ceylonzimt (oder Lucuma-, Maca-, Mesquite-, Kakaopulver, Kakao-Nibs, nach Belieben)

Zubereitung: 15–20 • Kühlen: 8–12 Stunden

Die Mandeln in der Küchenmaschine grob zerhacken. Mit den restlichen Zutaten zu einem dicken, leicht klebrigen Teig verarbeiten.

Ein Apfelleder glatt auslegen und die Mandel-Dattel-Masse gleichmäßig darauf verteilen. Mit dem zweiten Apfelleder bedecken und mithilfe einer Teigrolle fest andrücken.

Die gefüllten Apfelleder in etwa 20 Riegel schneiden und sofort verzehren oder die gefüllten Apfelleder im Dörrautomaten bei 42 °C in 8–12 Stunden trocknen, damit sie etwas fester werden, dann erst in Riegel schneiden.

Tipp: Datteln kann man durch andere Trockenfrüchte wie etwa Feigen, Aprikosen oder Bananen ersetzen. Ebenfalls variabel sind die Nüsse (Wal-, Hasel-, Pekannüsse) sowie das Fruchtleder (Pflaumen-, Bananenleder).

CRAZY COFFEE
Tiramisu

1 BLECH (30 X 25 CM)

FÜR DEN VANILLE-
ESPRESSO-TEIG
370 g Dattelpaste
(S. 174)
1050 g Mandeltrester
(S. 170)
100 ml Mandelmilch
(S. 166)
30 g Espressopulver
7 TL Kokosöl
1 TL Vanillepulver
½ TL Kristallsalz

FÜR DEN SCHOKO-
LADENTEIG
30 g Irish Moss, gerei-
nigt und eingeweicht
200 ml Mandelmilch
(S. 166)
160 g Dattelpaste
(S. 174)
25 g Kakaopulver
1 TL Vanillepulver

1 Prise Kristallsalz
80 g Kakaobutter,
zerlassen
3 TL Kokosöl, zerlassen

FÜR DEN SAHNE-
CREME-TEIG
30 g Irish Moss, gerei-
nigt und eingeweicht
150 g Cashewkerne, hal-
biert und eingeweicht
350 ml Kokosmilch
80 g Kakaobutter,
zerlassen
100 ml Kokosöl,
zerlassen
70 g Birkenzucker/
Xylitol
¾ TL Vanillepulver
1 Prise Kristallsalz

AUSSERDEM
6 TL Kakaopulver

Zubereitung: 30 Minuten • **Ruhen:** mind. 5 Stunden

Für den Vanille-Espresso-Teig alle Zutaten in die Küchenmaschine geben und zu einem feinen Teig kneten. Diesen in zwei gleich große Portionen teilen. Eine Portion auf dem mit Backpapier ausgelegten Backblech verteilen und mit den Händen oder der Rückseite eines Esslöffels gleichmäßig und fest andrücken. Die zweite Teigportion zunächst beiseitelegen.

Für den Schokoladenteig das Irish Moss mit der Mandelmilch und 100 ml Wasser in den Hochleistungsmixer geben und 1–2 Minuten auf höchster Stufe mixen, bis das Irish Moss vollständig aufgelöst ist. Anschließend Dattelpaste, Kakaopulver, Vanillepulver und Kristallsalz hinzufügen und gut untermengen. Zuletzt die Kakaobutter und das Kokosöl dazugeben und alle Zutaten zu einem cremigen Teig verarbeiten. Diesen über den auf dem Blech verteilten Vanille-Espresso-Teig gießen und für etwa 2 Stunden ins Gefrierfach stellen, bis der Schokoladenteig fest angedickt ist.

Die zweite Portion des Vanille-Espresso-Teigs etwa in der Größe des Blechs gleichmäßig dick ausrollen, dann auf den Schokoladenteig legen, andrücken, glätten und den Kuchen erneut in den Kühlschrank stellen, bis der Sahne-Creme-Teig zubereitet ist.

Für den Sahne-Creme-Teig alle Zutaten in den Hochleistungsmixer geben und 1–2 Minuten auf höchster Stufe mixen, bis das Irish Moss vollständig aufgelöst ist. Den Teig über den gekühlten Kuchen gießen und glatt streichen. Für weitere 3 Stunden ins Gefrierfach stellen, bis der Sahne-Creme-Teig fest angedickt ist.

Abschließend das Kakaopulver über das Tiramisu sieben. Dieses sofort servieren oder bis zum Verzehr im Kühlschrank aufbewahren.

Für Naschkatzen

ROMANCE IN A CONE
Apfelledertütchen mit Schoko-Erdbeer-Mousse

8 KLEINE TÜTEN

1 Apfelleder (S. 178)

FÜR DIE FÜLLUNG
1 Rezept Schokomousse
(S. 136 oben)
150 g Erdbeeren, fein
gewürfelt

Zubereitung: 10 Minuten

Das Apfelleder in acht gleich große Quadrate schneiden. Diese jeweils wie eine Tüte zusammenrollen.

Gut zwei Drittel der Erdbeerwürfel unter die Schokomousse heben und diese Masse mit einem Teelöffel in die Apfelledertütchen füllen. Mit den restlichen Erdbeerwürfeln garnieren.

CRUNCHY APPLE BITES
Apfel-Granola-Plätzchen

ETWA 30 PLÄTZCHEN

3 Äpfel, in feinen Stiften
Saft von 1 Zitrone
60 ml Agavensirup
(oder 10 Datteln, entsteint und eingeweicht)
2 TL Ceylonzimt
1 TL Vanillepulver
1 Prise Kristallsalz
200 g Buchweizen,
gekeimt

100 g helles und/oder
rotes Quinoa, gekeimt
50 g Sonnenblumenkerne, angekeimt
150 g Walnüsse,
eingeweicht
70 g Chiasamen,
eingeweicht
60 g Kürbiskerne,
eingeweicht

Zubereitung: 20 Minuten • Marinieren: ½–1 Stunde
Trocknen: 12–18 Stunden

Die Apfelstifte mit Zitronensaft, Agavensirup, Zimt, Vanillepulver und Kristallsalz vermengen und ½–1 Stunde marinieren.

Die restlichen Zutaten in eine große Schüssel füllen, die marinierten Äpfel dazugeben und mit den Händen alles gut vermischen.

Etwa ein Drittel des Teiges in die Küchenmaschine füllen und zu einer feinen Masse verarbeiten. Diese wieder in die Schüssel geben und nochmals alles per Hand verkneten.

Aus dem Teig etwa 30 Plätzchen formen, auf eine Dörrfolie legen und im Dörrautomaten bei 42 °C in 12–18 Stunden trocknen. Nach etwa 3 Stunden die Dörrfolie entfernen und die Plätzchen weiter trocknen, bis der gewünschte Trockengrad erreicht ist.

Tipp: Der Plätzchenteig kann je nach Geschmack mit Lucuma-, Maca-, Mesquitepulver, Kakao-Nibs oder Kakaopulver verfeinert werden. Die Äpfel lassen sich durch beliebiges Obst der Saison ersetzen.

Für Naschkatzen

GET ADDICTED
Marzipankartoffeln

ETWA 25 KUGELN

250 g Mandeln, einge-
weicht (oder Cashew-
kerne, halbiert)
250 g Puderzucker
(S. 169, oder Agaven-
sirup)
2 EL Kakaobutter,
zerlassen
30 ml Rosenwasser
(nach Belieben)

ZUM WÄLZEN
Kakaopulver (oder
Carobpulver, MaKao-
Pulver/Trinkschokolade)

Zubereitung: **35 Minuten**

Die eingeweichten Mandeln aus der Schale lösen und tro-
cken tupfen. In die Küchenmaschine geben und zu einer
möglichst feinen Masse verarbeiten.

Dann die Mandelmasse in eine Schüssel geben und mit
Puderzucker, Kakaobutter und nach Belieben mit Rosenwasser verkneten.

Aus der Masse etwa 25 gleich große Kugeln formen und
diese im Kakaopulver wälzen.

Tipp: Dem Kakaopulver können nach Belieben Gewürze
wie Ceylonzimt oder Vanillepulver beigemischt werden. Sollen die Marzipankartoffeln hell bleiben, wälzt man sie in
Lucumapulver, das ein wenig süßlich schmeckt, oder in Baobabpulver, das ein leichtes Zitronenaroma besitzt.

SWEET GINGERBREAD ROLLS
Dattel-Carob-Rollen

16–20 ROLLEN

300 g Datteln, entsteint
und eingeweicht
300 g Buchweizen,
gekeimt
200 g Rosinen,
eingeweicht

80 g Carobpulver
3 TL Lebkuchengewürz
2 TL Ceylonzimt
1 TL Sternanis
1 Prise Kristallsalz

Zubereitung: **20 Minuten**
Trocknen: **16–20 Stunden**

Alle Zutaten in die Küchenmaschine geben und zu einem
homogenen Teig verarbeiten.

Den Teig 3–4 mm dick gleichmäßig auf einer Dörrfolie ausstreichen und im Dörrautomaten bei 42 °C in 16–20 Stunden trocknen, bis der gewünschte Trockengrad erreicht ist.
Nach etwa 5 Stunden den Teig wenden und die Dörrfolie
dabei entfernen (s. Tipp S. 62).

Den getrockneten Teig mit einer Schere in Rechtecke
schneiden und zu kleinen Rollen drehen.

APPLE CURLS
Bratapfelringe

3 PORTIONEN

3 Äpfel

FÜR DIE MARINADE
Saft von 2 Orangen
Saft von ½ Zitrone
3 TL Dattelpaste (S. 174)
1½ TL Mesquitepulver

1 TL Ceylonzimt
½ TL gemahlener Sternanis
½ TL Vanillepulver
2 Msp. frisch geriebene Muskatnuss

Zubereitung: 10 Minuten
Trocknen: 8–10 Stunden

Die Äpfel in feine Ringe schneiden. Für die Marinade alle Zutaten im Mixer vermischen.

Die Apfelscheiben mit der Marinade übergießen und 1–2 Stunden darin marinieren. Anschließend die abgetropften Apfelscheiben auf eine Dörrfolie legen und im Dörrautomaten bei 42 °C in 8–10 Stunden trocknen, bis der gewünschte Trockengrad erreicht ist.

Für Naschkatzen

KAPITEL **6**

Back to Basics:

GRUND-
LAGEN

MANDELMILCH

ETWA 500 ML

Mandeln, eingeweicht
1 Prise Vanillepulver
(nach Belieben)

Süße (z.B. Datteln,
Birkenzucker/Xylitol)
nach Belieben

Zubereitung: 5 Minuten

Die Mandeln zusammen mit der fünffachen Menge Wasser und den restlichen Zutaten im Hochleistungsmixer etwa 1 Minute mixen, bis eine homogene weiße Flüssigkeit entstanden ist. Diese durch einen Nussmilchbeutel abseihen.

NUSSMILCH

ETWA 500 ML

100 g Nüsse nach Wahl,
eingeweicht
1 Prise Vanillepulver
(nach Belieben)

Süße (z.B. Datteln,
Birkenzucker/Xylitol)
nach Belieben

Zubereitung: 5 Minuten

Zur Herstellung von Nussmilch sind alle Arten von Nüssen oder Samen geeignet, z.B. Erdmandelkerne (auch für Nussallergiker!), Paranüsse, Pekannüsse, geschälte Hanfsamen, Sesam oder Haselnüsse.

Die Nüsse zusammen mit der fünffachen Menge Wasser und den restlichen Zutaten im Hochleistungsmixer etwa 1 Minute mixen, bis eine homogene weiße Flüssigkeit entstanden ist. Diese durch einen Nussmilchbeutel abseihen.

Tipp: Bei Verwendung von Nüssen ohne Häutchen (Cashewkerne, Macadamianüsse) erübrigt sich das Abseihen durch den Nussmilchbeutel. Dieser kann übrigens immer durch ein Baumwolltuch oder einen feinen Wäschesack ersetzt werden; bei häufigem Gebrauch ist allerdings die Anschaffung des reißfesteren Nussmilchbeutels zu empfehlen. Der Rückstand im Nussmilchbeutel, der so genannte Trester, kann für verschiedene Desserts weiterverwendet werden.

PINKFARBENE KOKOSFLAKES

ETWA 100 G

100 g grobe Kokosflakes
100 ml Rote-Bete-Saft

100 ml Kirschsaft

**Zubereitung: 5 Minuten • Marinieren: 6 Stunden
Trocknen: 8–10 Stunden**

Alle Zutaten in einem Gefäß etwa 6 Stunden marinieren.

Danach die Kokosflakes abtropfen lassen und auf einer Dörrfolie verteilen. Im Dörrautomaten bei 42 °C in 8–10 Stunden vollständig trocknen.

Back to Basics

PINIENPARMESAN

1 PORTION

2 EL Pinienkerne
½ EL weißes Miso
2 TL Edelhefe

Zubereitung: **3 Minuten**

Alle Zutaten in eine kleine Küchenmaschine (oder in einen Mörser) geben und in Intervallen zu einer Masse von parmesanähnlicher Konsistenz verarbeiten.

NUSSHACK

1 PORTION

50 g Cashewkerne, halbiert und eingeweicht
50 g Pekannüsse, eingeweicht
50 g Paranüsse, eingeweicht
3 EL Nama Shoyu (unpasteurisierte Soja-

sauce; oder ¾ TL Kristallsalz)
1 TL Olivenöl
¼ TL gemahlener Koriander
1 Msp. Cayennepfeffer
fein gehackte Kräuter (nach Belieben)

Zubereitung: **3 Minuten**

Alle Zutaten in eine kleine Küchenmaschine (oder in einen Mörser) geben und in Intervallen zu einer leicht klebrigen, grob gehackten Masse verarbeiten.

CHIAMEHL

Chiasamen (Menge nach Belieben)

Zubereitung: **2 Minuten**

Die Chiasamen in den Hochleistungsmixer (oder in die Küchenmaschine) geben und zu einem feinen Mehl verarbeiten.

Tipp: Das Chiamehl sollte stets frisch gemahlen werden, weil so die enthaltenen Fette frisch bleiben.

TZATZIKI

ETWA 300 ML

150 g Cashewkerne, eingeweicht
150 ml Mandelmilch (S. 166)
3 Knoblauchzehen
1 Dattel, entsteint und eingeweicht
Saft von 1 Zitrone

1 Frühlingszwiebel, in feinen Ringen
½ Gurke, entkernt und fein geraspelt
1 Msp. frisch geriebene Muskatnuss
Kristallsalz und frisch gemahlener Pfeffer nach Belieben

Zubereitung: **10 Minuten**

Cashewkerne, Mandelmilch, Knoblauch, Dattel und Zitronensaft in den Hochleistungsmixer geben und zu einer feinen Creme verarbeiten. Diese in eine Schüssel füllen und die restlichen Zutaten untermischen.

CASHEW-SAHNE

ETWA 700 ML

Zubereitung: **10 Minuten**

80 ml Kokosöl, zerlassen
25 g Kakaobutter, zerlassen
50 g Irish Moss, gereinigt und eingeweicht
200 ml Mandelmilch (S. 170)
275 g Cashewkerne, halbiert und eingeweicht
50 g Birkenzucker/Xylitol
¼ TL Vanillepulver
1 Prise Kristallsalz

Kokosöl, Kakaobutter, Irish Moss und Mandelmilch im Hochleistungsmixer 1½–2 Minuten mixen, dabei auf niedrigster Stufe beginnen und langsam auf höchste Stufe schalten. Anschließend die restlichen Zutaten hinzufügen und nochmals etwa 1 Minute mixen, bis eine sehr feine Creme entstanden ist. Bei Bedarf etwas Wasser hinzufügen, bis die gewünschte Konsistenz erreicht ist. Die Cashewsahne im Kühlschrank abkühlen lassen.

PUDERZUCKER

Zubereitung: **2 Minuten**

Birkenzucker/Xylitol (Menge nach Belieben)

Den Birkenzucker in den Hochleistungsmixer geben und zu einem feinen Puderzucker verarbeiten.

Grundlagen 169

HUMMUS

ETWA 600 ML

Variante 1
200 g Zucchini, geschält und grob gehackt
100 g Pekannüsse, eingeweicht (oder Walnüsse)
100 g Tahin (Sesammus)
3 Knoblauchzehen
100 ml Zitronensaft
50 ml Olivenöl

2 TL Kristallsalz
½ TL Kurkumapulver
1 Msp. Cayennepfeffer
3 TL fein gehacktes Koriandergrün
½ TL zerstoßener Kümmel
Sesamsamen (nach Belieben)

Zubereitung: 5 Minuten

Variante 1
Alle Zutaten mit Ausnahme von Koriander, Kümmel und Sesamsamen in den Hochleistungsmixer geben und zu einer Creme verarbeiten. Diese in eine Schüssel füllen und den Koriander sowie den Kümmel unterheben.
Nach Belieben mit Sesamsamen bestreuen.

Variante 2
2 Zucchini, geschält und grob gehackt
100 g Tahin (Sesammus)
50 g Sonnenblumenkerne, eingeweicht
4 Knoblauchzehen
100 ml Zitronensaft

50 ml Olivenöl
2½ TL Kristallsalz
½ TL Kurkumapulver
1 Msp. gemahlene Koriandersaat
fein gehackte Kräuter (z.B. Petersilie, Koriandergrün; nach Belieben)

Variante 2
Alle Zutaten mit Ausnahme der frischen Kräuter in den Hochleistungsmixer geben und zu einer Creme verarbeiten. Diese nach Belieben mit den gehackten Kräutern bestreuen.

KETCHUP

ETWA 1 TASSE

Variante 1
300 g Tomaten, grob gehackt
40 g sonnengetrocknete Tomaten, eingeweicht und in Streifen geschnitten

1 Knoblauchzehe
5 Datteln, entsteint und eingeweicht
1 EL Apfelessig
Kristallsalz, Curry, Cayennepfeffer, Paprikapulver (nach Belieben)

Zubereitung: 5 Minuten

Beide Varianten
Alle Zutaten in den Hochleistungsmixer geben und zu einem homogenen Dip verarbeiten.

Variante 2
2 große Tomaten, grob gehackt
1 Handvoll sonnengetrocknete Tomaten, in Streifen geschnitten
4 Datteln, entsteint und eingeweicht

½ TL Currypulver
1 TL weißes Miso
edelsüßes Paprikapulver (nach Belieben)
Kristallsalz (nach Belieben)

CURRY-KÄSE-CREME

300–400 ML

Zubereitung: **5 Minuten**

50 g Cashewkerne, eingeweicht
1 Zucchini, grob gehackt
2 mittelgroße Karotten, grob gehackt
50 g Knollensellerie, grob gehackt
½ kleine Zwiebel, grob gehackt
1 Knoblauchzehe
1 Stück Ingwer (2–3 cm)
2 Datteln, entsteint und eingeweicht (Einweichwasser aufbewahren)
3 EL Kokosmus
3 EL Pinienkerne
Saft von ½ Zitrone
2 TL gelbe Currypaste
je ½ TL Kristallsalz, gemahlener Kümmel und Kurkumapulver
je 2 Msp. Chilipulver und Ceylonzimt
1 Prise frisch geriebene Muskatnuss
8 EL Edelhefe (nach Belieben)

Alle Zutaten in den Hochleistungsmixer geben und zu einer feinen Creme verarbeiten. So viel Wasser hinzufügen, bis die gewünschte Konsistenz erreicht ist. (Weiterverarbeitung zu Scheiblettenkäse s. Tipp S. 173.)

Grundlagen

PIZZABODEN

2 PIZZAS

FÜR DEN GRUNDTEIG
200 g Tomaten, grob
gehackt
150 g Buchweizen,
gekeimt
130 g Sonnenblumen-
kerne, gekeimt
100 g Karotten, grob
gehackt
40 g Knollensellerie,
grob gehackt
1 Dattel, entsteint und
eingeweicht (Einweich-
wasser aufbewahren)

1 Knoblauchzehe
1 EL Olivenöl
1 Prise Kristallsalz

AUSSERDEM
40 g Chiamehl
1 TL Paprikapulver
¼ TL Cayennepfeffer
je 2 EL fein gehacktes
Basilikum, Oregano und
Petersilie

Zubereitung: 5 Minuten • **Trocknen:** 10–12 Stunden

Für den Grundteig alle Zutaten in die Küchenmaschine
geben und zu einem Teig mit noch leichter Struktur verarbeiten. Bei Bedarf etwas Wasser hinzufügen, bis die gewünschte Konsistenz erreicht ist. Den Teig in eine Schüssel
geben und die übrigen Zutaten untermischen.

Den Teig halbieren und die beiden Portionen auf je einer
Dörrfolie zu runden, etwa 4 mm dicken Pizzaböden ausstreichen. Im Dörrautomaten bei 42 °C 10–12 Stunden
trocknen, bis der gewünschte Trockengrad erreicht ist.
Nach etwa 5 Stunden die Böden wenden und die Dörrfolie
dabei entfernen (s. Tipp S. 62).

CHEEZY DIP

1½–2 TASSEN

Variante 1
150 g Cashewkerne,
30 Minuten eingeweicht
1 mittelgroße Karotte
30 g Knollensellerie

¼ Zwiebel
5 EL Edelhefe
1 TL Kristallsalz
½ TL frisch gemahlener
weißer Pfeffer

Variante 2
120 g Cashewkerne, hal-
biert und eingeweicht
(oder Macadamianüsse)
80 g Pinienkerne
1 Stange Sellerie, grob
gehackt
1 mittelgroße Karotte,
grob geschnitten
60 ml frischer Zitronen-
saft

2 Datteln, entsteint und
eingeweicht
½ kleine Zwiebel
1 Knoblauchzehe
1 Stück Ingwer oder
Kurkuma (etwa 1 cm)
1 EL weißes Miso
1 TL Edelhefe
1 TL Senf
½ TL Currypulver
¼ TL frisch gemahlener
rosa Pfeffer

Zubereitung: 5 Minuten

Beide Varianten
Alle Zutaten in den Hochleistungsmixer geben und zu
einer feinen Käsecreme verarbeiten. Bei Bedarf etwas Wasser hinzufügen, bis die gewünschte Konsistenz erreicht ist.

Tipp: Für Scheiblettenkäse die Käsecreme auf einer
Dörrfolie ausstreichen und im Dörrautomaten bei 42 °C
8–12 Stunden trocknen lassen, bis der gewünschte Trockengrad erreicht ist, der Scheiblettenkäse aber noch flexibel ist.

Grundlagen

SOUR CREAM

ETWA 300 ML

260 g Macadamianüsse, eingeweicht
1 Knoblauchzehe
5 TL frischer Zitronensaft
2 TL Kristallsalz
½ TL Birkenzucker/Xylitol
¼ TL frisch gemahlener Pfeffer

2 Msp. frisch geriebene Muskatnuss
½ Zwiebel, fein gehackt
3 EL feine Schnittlauchröllchen
2 EL fein gehackte Petersilie
1 EL fein gehackte Pimpinelle

Zubereitung: 10 Minuten

Alle Zutaten mit Ausnahme der Zwiebel und der frischen Kräuter in den Hochleistungsmixer geben, 250 ml Wasser hinzufügen und alles zu einer feinen, leicht flüssigen Creme verarbeiten; dabei auf niedrigster Stufe beginnen und langsam auf höchste Stufe schalten. Anschließend die Creme in eine Schüssel füllen und die Zwiebel sowie die Kräuter unterheben.

DATTELPASTE

ETWA 350 ML

200 g Datteln, entsteint und eingeweicht (Einweichwasser aufbewahren)
1 TL Zitronensaft

Zubereitung: 5 Minuten

Die Datteln und den Zitronensaft in die Küchenmaschine geben. Das Einweichwasser der Datteln mit Wasser auf 200 ml auffüllen und zunächst nur 150 ml davon in die Küchenmaschine geben. Die Datteln zu einer feinen, cremig-dicken Paste verarbeiten. Eventuell noch mehr Wasser dazugeben, bis die gewünschte Konsistenz erreicht ist

Tipp: Datteln weisen einen unterschiedlichen Feuchtigkeitsgehalt auf. Daher kann die Menge des benötigten Wassers variieren.

CREMIGE TOMATENSAUCE

1½–2 TASSEN

6 große Tomaten, grob gehackt
1 Frühlingszwiebel, grob gehackt
2 Knoblauchzehen
2 Datteln, entsteint und eingeweicht (Einweichwasser aufbewahren)
12 g Dulse-Algen, eingeweicht

2 EL Olivenöl
2 EL Edelhefe
1 EL weißes Miso (oder ¼ TL Kristallsalz)
1 TL Paprikapulver
1 TL Kakaopulver (oder Carobpulver)

Zubereitung: 5 Minuten

Alle Zutaten in den Mixer geben und zu einer cremigen Tomatensauce verarbeiten. So viel Wasser (am besten das Einweichwasser der Datteln) hinzufügen, bis die gewünschte Konsistenz erreicht ist.

KRÄUTERDIP

ETWA 600 ML

Zubereitung: **5 Minuten**

500 g Naturjoghurt (S. 177)
je 2 EL fein gehackte Petersilie und Pimpinelle
2 EL feine Schnittlauchröllchen
je 1 EL fein gehackter Kerbel, Dill und Kresse
½ EL fein gehackter Sauerampfer
Kristallsalz und frisch gemahlener Pfeffer
2 Msp. frisch geriebene Muskatnuss

Den Naturjoghurt in eine Schüssel geben. Die Kräuter unterrühren und den Dip mit den Gewürzen abschmecken.

Tipp: Die Kräuter lassen sich je nach Jahreszeit und Belieben variieren. Auch Wildkräuter eignen sich sehr gut für diesen Dip.

CHILI-LIMET-TEN-SAUCE

ETWA 200 ML

Zubereitung: **5 Minuten**

1 winziges Stück Chilischote (etwa ¼ cm), in feinsten Ringen
3 TL Limettensaft
150 ml Nama Shoyu (unpasteurisierte Sojasauce)
2 TL Agavensirup (oder Dattelpaste, S. 174)
1 TL Erdnussöl (oder Sesamöl)
1 Msp. Cayennepfeffer

Alle Zutaten in einer Schüssel vermischen.

Grundlagen 175

MANGO-CHILI-DIP

ETWA 400 ML

3 Mangos
100 ml Kokosmilch
(oder 80 g Kokosfrucht-
fleisch und 20 ml
Wasser)
1 Stück Chilischote
(etwa 2 cm)
1 Stück Ingwer (½ cm)

Saft von ½ Limette
½ TL Indisches Basili-
kum-Pulver
¼ TL Kurkumapulver
Kristallsalz
2 EL fein gehacktes
Koriandergrün

Zubereitung: 10 Minuten

Das Mangofruchtfleisch sowie alle übrigen Zutaten mit
Ausnahme des Korianders mit dem Mixstab pürieren.
Dann den Koriander unterheben.

GUACAMOLE

ETWA 250 ML

2 Avocados, entsteint
1 Knoblauchzehe
1 TL frischer Zitronen-
saft
1 Msp. Cayennepfeffer
(oder Chilipulver)

Kristallsalz und frisch
gemahlener Pfeffer
1 Tomate, fein gewürfelt
4 EL fein gehackte
Petersilie (nach
Belieben)

Zubereitung: 3 Minuten

Alle Zutaten mit Ausnahme der Tomatenwürfel und Petersilie in eine Schüssel geben und mit einer Gabel zerdrü-
cken und vermengen. Die Tomatenwürfel hinzufügen und
unterheben.

Den Dip nach Belieben mit der fein gehackten Petersilie
bestreuen.

MAYONNAISE

ETWA 200 ML

150 g Cashewkerne,
halbiert (oder Macada-
mianüsse)
50 ml Apfelsaft
3 TL frischer Zitronen-
saft
2 EL Leinöl

2 Msp. frisch geriebene
Muskatnuss
Kristallsalz und frisch
gemahlener Pfeffer
1 EL Edelhefe (nach
Belieben)

Zubereitung: 3 Minuten

Alle Zutaten in den Hochleistungsmixer geben und zu
einer cremigen Mayonnaise verarbeiten. So viel Wasser
hinzufügen, bis die gewünschte Konsistenz erreicht ist.

Tipp: Anstelle ganzer Nüsse kann man auch Nussmus
verwenden, z.B. Mandel- oder Cashewmus.

CHIAGEL

200 ML

4 EL Chiasamen

Tipp: Das Chiagel lässt sich sofort weiterverarbeiten oder 1 Woche im Kühlschrank lagern.

Zubereitung: 5 Minuten • Ruhen: 20 Minuten

Die Chiasamen mit 150 ml Wasser in einer Schüssel verrühren und mindestens 20 Minuten stehen lassen. Dabei
gelegentlich umrühren.

NATURJOGHURT

1 LITER

200 g Cashewkerne (oder Macadamianüsse), eingeweicht

30 g Irish Moss, gereinigt und mindestens 3 Stunden eingeweicht
1 Beutel Joghurtferment

Tipp: Als Alternative zur Nussmilch aus Cashewkernen und Wasser einfach 970 ml Kokosmilch verwenden und wie beschrieben zu Joghurt weiterverarbeiten.

Zubereitung: 15 Minuten • **Reifen:** 14–18 Stunden

Die Cashewkerne mit 780 ml Wasser im Hochleistungsmixer zu einer Milch verarbeiten.

Das eingeweichte Irish Moss mehrfach mit klarem Wasser spülen und mit den Händen kneten, sodass alle Salz- und Sandreste entfernt sind. Dann zur Nussmilch in den Hochleistungsmixer geben und auf höchster Stufe etwa 2 Minuten mixen, bis das Irish Moss komplett aufgelöst ist. Anschließend das Joghurtferment unterrühren.

Die frische Joghurtmilch nach Bedienungsanleitung in den Joghurtmaker füllen und etwa 14–18 Stunden reifen lassen. Je länger der Joghurt reift, desto intensiver wird sein Geschmack. Abschließend den Joghurt im Mixer frisch mixen. Vor dem Verzehr in den Kühlschrank stellen.

KRÄUTERPESTO

ETWA 600 ML

150 g gemischte Kräuter (z.B. Brennnessel, Taubnessel, Basilikum, Thymian, Melisse, Schnittlauch, Petersilie)
100 ml Olivenöl, mehr nach Bedarf

80 g Pekannüsse
1 Knoblauchzehe (nach Belieben)
Kristallsalz und frisch gemahlener Pfeffer

Zubereitung: 10 Minuten

Alle Zutaten im Mixer zu einem Pesto verarbeiten. Dabei die Masse mit einem Stampfer immer wieder hinunterdrücken, damit das Pesto ganz fein wird. Bei Bedarf etwas mehr Öl hinzufügen, sodass das fertige Pesto schließlich mit Öl bedeckt ist.

Tipp: Das Pesto mit Kräutern und Wildkräutern nach Geschmack variieren. Auch die Pekannüsse lassen sich durch andere Nüsse ersetzen.

IRISH-MOSS-GEL

300–400 ML

50 g Irish Moss

Tipp: Das Gel dickt beim Lagern noch etwas an. Im Kühlschrank aufbewahrt hält es etwa 5 Tage.

Zubereitung: 15 Minuten • **Ruhen:** 14–18 Stunden

Das Irish Moss 3–4 Stunden (oder über Nacht) einweichen. Danach mehrfach abspülen, sodass alle Salz- und Sandreste entfernt sind. Dann mit 300 ml Wasser in den Hochleistungsmixer geben und in etwa 2 Minuten auf höchster Stufe zu einem Gel verarbeiten.

Grundlagen

FRUCHT- UND GEMÜSELEDER

2 BLECHE

Apfelleder
700 g Äpfel, entkernt und grob gehackt
1 Banane
4 Datteln, entsteint und eingeweicht
Saft von ½ Zitrone
2 EL Flohsamenschalen
½ TL Vanillepulver
1 Prise Kristallsalz
1 TL Ceylonzimt (nach Belieben)

Pfirsich-Baobab-Leder
800 g Pfirsiche, geviertelt und entsteint
1 Banane
Saft von ½ Zitrone
3 EL Baobabpulver
1 EL Lucumapulver
½ TL Vanillepuver
¼ TL Ceylonzimt

3 BLECHE

Pflaume-Zimt-Leder
750 g Pflaumen, halbiert und entsteint
2 Bananen
½ TL Ceylonzimt
¼ TL Vanillepulver

Gemüseleder
1 Zucchini, grob gehackt

800 g rote Paprika, grob gehackt
500 g Tomaten, grob gehackt
½ Avocado (oder 2 EL Olivenöl)
20 g Flohsamenschalen
½ TL Kristallsalz
½ TL Pfeffer
¼ TL Cayennepfeffer

Zubereitung: 5 Minuten je Leder

Jeweils alle Zutaten für das Leder in den Mixer geben und zu einer feinen Creme verarbeiten.

Die Masse gleichmäßig etwa 3 mm dick auf zwei oder mehreren Dörrfolien (je nach Teigmenge) ausstreichen und im Dörrautomaten bei 42 °C 8–12 Stunden trocknen, bis das Leder komplett durchgetrocknet, aber noch flexibel ist.

Die Leder lassen sich für süße sowie herzhafte Wraps verwenden.

Tipp: Fruchtleder kann man wunderbar mit Früchten der Saison wie Himbeeren, Erdbeeren, Birnen oder Aprikosen herstellen, ebenso kann das Gemüseleder durch beliebiges Gemüse variiert werden.

EISWAFFELN

25–30 EISWAFFELN

200 g Cashewkerne, eingeweicht
600 g Mandeltrester (aus der Mandelmilchherstellung, s. Tipp S. 166)
170 g Dattelpaste (S. 174)
150 ml Apfelsaft (oder

Orangensaft)
80 g Kakaopulver (oder Carobpulver, MaKao-Pulver/Trinkschokolade)
50 g Chiamehl (S. 168)
2 EL Lucumapulver
1½ TL Ceylonzimt
1 Prise Kristallsalz

Tipp: Auch Kekse oder Törtchenböden lassen sich aus diesem Teig herstellen. Für pinkfarbene Waffelhörnchen den Teig nach dem Rezept von Seite 156 oben (siehe Boden) zubereiten.

Zubereitung: 25 Minuten • **Trocknen:** 18 Stunden

Zuerst die Cashewkerne in die Küchenmaschine geben und grob vermahlen. Dann alle weiteren Zutaten hinzufügen und zu einem glatten Teig verarbeiten.

Den Teig zu 25–30 Kugeln à 45–50 g formen. Jede Kugel mittig in ein Waffeleisen legen und mit Frischhaltefolie bedecken. Mit der Handfläche die Kugeln kreisrund und flach in das Waffeleisen drücken. Das Waffeleisen leicht zusammendrücken, wieder öffnen und die Frischhaltefolie entfernen.

Die geriffelten Teigplatten mithilfe von Waffelhörnchen-Backformen nach Anleitung zu Hörnchen formen. Die Hörnchen im Dörrautomaten bei 42 °C in etwa 9 Stunden trocknen. Die Waffelhörnchen-Backformen entfernen und die Hörnchen weitere 9 Stunden trocknen lassen, bis der gewünschte Trockengrad erreicht ist.

AN HANG

Rohkost macht Spaß und ist unglaublich vielseitig! Ein paar Tipps und Anregungen sollen helfen, Freude daran zu behalten und abwechslungsreich genießen zu können. Werde selbst kreativ und spiele mit den Rezepten!

FAQ'S

Was ist denn das?
Diese Frage kommt häufig, wenn ich mir etwas zum Essen zubereite. Die einfachste Antwort darauf lautet natürlich: „Lecker ist das!" Wer probieren möchte, kann das gerne tun, und wer fragen möchte, auch. Meist überwiegt die Neugierde und es wird probiert, um dann überrascht festzustellen: „Stimmt, das ist wirklich lecker!"

Wo bekommst du dein Protein her?
Diese Frage wird häufig gestellt. Dabei ist es hierzulande ganz einfach, seinen Proteinbedarf zu decken. In unserer westlichen Gesellschaft verzehren wir sogar meist mehr Proteine als nötig. In grünem Gemüse (z.B. Brokkoli), (Wild-) Kräutern, Speisehanf, Algen (Spirulina, Chlorella), Sprossen, (gekeimten) Hülsenfrüchten, gekeimtem Getreide und Pseudogetreide (z.B. Amaranth, Quinoa, Buchweizen) sowie Nüssen sind sie ausreichend enthalten.

Wirst du satt?
Fast alle Rohkost-Einsteiger berichten über ein ständiges Hungergefühl. Stimmt, denn Rohkost ist meistens viel leichter als Kochkost. Wir fühlen uns nach der Mahlzeit nicht mehr so „pappsatt". Dieses Gefühl wird anfangs damit verwechselt, dass man noch hungrig ist. Doch wenn man sich erst einmal an dieses leichte Gefühl gewöhnt hat, wird man es lieben und wissen, dass man trotzdem satt und der Körper gut versorgt ist.

Was kannst du überhaupt noch essen?
Die roh-vegane Speisekarte hat viel zu bieten. Meist sogar mehr Variationen und unterschiedliche Lebensmittel als in der traditionellen Küche. Es wird mehr experimentiert, mehr ausprobiert. Essen kann ich grundsätzlich alles, eher stellt sich die Frage: „Möchte ich wirklich alles essen?" Die roh-vegane Kost beinhaltet eine unglaubliche Vielfalt an Nahrungsmitteln wie Gemüse, (Wild-) Kräuter, Blätter, Samen, Nüsse, Sprossen, Algen (Makro- und Mikroalgen), essbare Blüten, Pilze, Wurzeln, Knollen, Hülsenfrüchte, Früchte, Beeren und Superfoods. Nach Lust und Laune kombiniert, stellen sie eine reichhaltige Auswahl dar. Dies ist das Stichwort, auf das es ankommt: Eine bunte Variation auf unserem Speiseplan ist wichtig, nicht nur für die Gesundheit, sondern auch für die Freude am Zubereiten und den Genuss. Dass dabei nur hochwertige Zutaten – frisch, unbehandelt und möglichst aus regionalem Anbau – verwendet werden sollten, versteht sich eigentlich von selbst.

Wo soll ich anfangen?
Am besten erst mal irgendwo. Eine roh-vegane Mahlzeit am Tag ist schon ein guter Anfang. Es ist am einfachsten, wenn der Übergang nach und nach erfolgt. Je besser wir uns fühlen, desto leichter fällt die Umstellung und die Motivation steigt. Aber auch bei den übrigen Mahlzeiten, die noch traditionell zubereitet werden, können wir schon darauf achten, dass sie möglichst frei sind von raffiniertem Zucker, Weißmehl, Geschmacksverstärkern,

Süßstoffen und Co. Unsere Nahrung sollte so natürlich wie möglich sein, damit sind wir schon auf einem guten Weg.

Mangelerscheinungen sind programmiert?

Zum Glück ist es anders! In der veganen Rohkostküche bleiben alle wertvollen Inhaltsstoffe unserer Nahrung im vollen Umfang erhalten und stehen unserem Körper zur Verfügung, wobei gilt: je frischer die Zutaten, umso mehr Inhaltsstoffe. Wichtig ist dabei jedoch, Synergieeffekte bioaktiver Substanzen bei der Kombination von Nahrungsmitteln zu nutzen und zu wissen, wann unter Umständen Mangelerscheinungen auftreten können. So behindert beispielsweise Koffein die Aufnahme von Eisen, wohingegen Vitamin C die Aufnahme von Eisen begünstigt. Mit ein bisschen Grundwissen kommt es also gar nicht erst so weit, dass ein Mangel entsteht. Immer wieder diskutiert wird Vitamin B_{12}. Dieses muss dem Körper regelmäßig zugeführt werden, da er nur kleine Mengen pro Tag aufnehmen kann. Wir sollten also regelmäßig Vitamin B_{12} aus natürlichen Quellen essen. Pflanzen enthalten allerdings selten Vitamin B_{12}. Ausnahmen sind: bestimmte Algen, bestimmte fermentierte Lebensmittel oder Pflanzen(teile) mit natürlichem, B_{12}-bildendem bakteriellem Aufwuchs (z.B auf den Früchten des Sanddorn). Vorläufige Studien zeigen, dass es Unterschiede in der Bioverfügbarkeit des Vitamin B_{12} aus verschiedenen Algen zu geben scheint. Das Thema wird kontrovers diskutiert.

Wird es im Winter nicht kalt?

Im Winter stellt unser Körper automatisch seine Bedürfnisse um. Wir haben in der kalten Jahreszeit in der Regel kein oder nur wenig Verlangen nach wasserreichen Nahrungsmitteln wie Zitrusfrüchten, Gurke oder Pfefferminze, die den Körper kühlen. Lieber verwenden wir dann wärmende Gewürze wie Pfeffer, Cayennepfeffer, Chili, Ingwer, Kurkuma, Muskat, Gewürznelken, Kardamom, Anis, Sternanis, Zimt, Curry, Kümmel oder Koriander, dazu Walnüsse, Haselnüsse und diverse Wintergemüse wie Rotkohl, Kürbis und Co.

Was ist Rohkost und was nicht?

Es gibt eine Reihe von Nahrungsmitteln, die oft in der Gourmetrohkost verwendet werden, die aber nicht roh im klassischen Sinn oder zumindest umstritten sind.
Dazu zählen beispielsweise einige Essige, Edelhefe, Miso, Nama Shoyu, Reispapier, einige Öle, Lezithin, Xylitol, Ahornsirup, Kokosblütenzucker, Nori, Senf oder kohlensäurehaltiges Wasser. Auch Getränke wie Kaffee, Tee oder fermentiertes Soja wie beispielsweise Tempeh finden trotzdem ab und zu Zugang in die Roh-Küche.
Wie man damit umgeht, muss letztlich jeder für sich entscheiden.

Worauf sollte bei Rohkost geachtet werden?

Aller Anfang ist schwer, denn man muss sich überlegen, wie man bestimmte Zutaten verwendet und zubereitet. Aber das gibt sich bald mit der Übung, und auch die eigenen Vorlieben hat man schnell herausgefunden. Grundsätzlich sollte jeder das Tempo wählen, mit dem er sich wohlfühlt, um sich an die roh-vegane Ernährung zu gewöhnen. Zu viel auf einmal zu wollen oder gar Druck sind hier fehl am Platz. Nur so kann man Freude an der neuen Kostform finden. Gut zu wissen ist jedoch,
- dass Obst schneller verdaut wird als Gemüse. Daher ist es sinnvoll, zuerst Obst zu essen, danach Gemüse.
- dass man während des Essens nur wenig trinken sollte, da die Magensäure so das Essen besser verdauen kann.
- dass weniger oft mehr ist. Wenn wir zum Beispiel bei Smoothies zu viel mischen, können Verdauungsprobleme auftreten und der Geschmack wird undefiniert.

Ist Rohkost für jeden gleich gut geeignet?

Hör auf deinen Körper! Jeder kennt seinen Körper selbst am besten und kann daher einschätzen, wie und zu welchem Anteil er eine vegane und/oder rohe Speiseauswahl in seinen Speiseplan integriert. Vorsicht (und ärztlicher Rat!) ist bei manchen Erkrankungen geboten, da hier unter Umständen ein Nährstoffmangel auftreten kann. Ein geschädigter Darm beispielsweise kann deutlich weniger Stoffe (z.B. Vitamin B_{12}) aufnehmen als ein intakter.

Rohkost kann doch nicht gut sein, wenn ich mich damit schlecht fühle?

Es ist normal, dass zu Beginn der Ernährungsumstellung unser Körper mit „Entgiftungserscheinungen" wie Kopfschmerzen, Müdigkeit, Muskelschmerzen oder Übelkeit auf die neue Nahrung reagiert. Doch das legt sich bald wieder. Mit reichlich klarem Wasser, Bewegung, frischer Luft und erholsamem Schlaf helfen wir unserem Körper dabei, sich schnell wieder gut und sogar noch besser als vorher zu fühlen.

MEINE LIEBLINGSPRODUKTE UND -GERÄTE

Zedernkerne/Öl von Vega sind immer frisch und von top Qualität.

Vega e.K.
Neufelder Str. 1
67468 Frankeneck
Telefon: +49 (0) 6325 184 03 01
E-Mail: info@vega-ek.de
www.vega-ek.de

Kokosprodukte
Mit den Produkten von Dr. Goerg arbeite ich sehr gerne. Sie sind frisch verarbeitet, haben immer eine top Qualität und das schmeckt man auch.

Dr. Goerg GmbH
Premium Bio-Kokosnussprodukte
Heidchenstraße 9
56424 Bannberscheid

Telefon +49 (0) 2602 93 46 9 0
E-Mail: service@drgoerg.com
www.drgoerg.com

Tropenfrüchte
Die Produkte von Tropenkost sind köstlich und von ausgewählter Qualität. Nicht zu vergleichen mit dem, was wir meist im Supermarkt erhalten. Ein wahrer Genuss!

Tropenkost
Tropical Food Europe
Manfred Holz
Herrnhäuserstr. 1
65719 Hofheim – Wallau
Telefon: +49 (0) 6122 53 33 667
E-Mail: mail@tropenkost.de
www.tropenkost.de

Olivenprodukte

Die Olivenprodukte von Vita Verde sind immer wieder lecker. Sie passen zu fast jedem herzhaften Gericht und haben eine außergewöhnliche Qualität, da die Oliven schonend und wirklich reif verarbeitet werden.

Vita Verde Naturkost e.K.
Sürther Straße 2
50996 Köln
Telefon: +49 (0) 221 39 62 01
E-Mail: info@vitaverde.de
www.vitaverde.de

Superfoods

PureRaw habe ich mit Produkten aufgebaut, die ich selbst nehme und auch meiner Familie und Freunden beruhigt geben kann, weil sie meinen Qualitätsansprüchen entsprechen. Sie sind schonend verarbeitet, von feinster Qualität und eine Bereicherung für die feine Küche. Viele der auf diesen Seiten vorgestellten Produkte und Geräte sind auch bei Pure Raw erhältlich.

PureRaw, natürlich • roh • vegan
(Superfoods & Zubehör)
Lockstedter Chaussee 1
38486 Klötze

Telefon: +49 (0) 3909 4726 10
E-Mail: info@pureraw.de
www.pureraw.de

Mixer
Modell: Revoblend

Der Revoblend ist ein robuster Hochleistungsmixer, mit einem guten Preis-Leistungs-Verhältnis.

Fa. Changefood
Almeidaweg 29
82319 Starnberg
Telefon: +49 (0) 8151 78 347
E-Mail: gesundheit@amritkalash.de
www.revoblend.de

Anhang 185

Joghurtmaker
Mit dem Joghurtmaker arbeite ich sehr gerne. Er funktioniert ohne Strom, ist leicht zu verstauen und zu reinigen. Auch für unterwegs super geeignet.

Metafood GbR
Eschenheimer Anlage 18
60318 Frankfurt a.M.
Telefon: +49 (0) 69 260 999 658
E-Mail: krapf@metafood.de
www.myyo.rakuten-shop.de

Entsafter
Modell: Kuvings Silent Juicer
Ein kleiner Entsafter, der in jede Küche passt. Er arbeitet fast selbstständig und ist leicht zu reinigen. Der Saft ist lecker, nicht ganz ballaststofffrei. Für Kinder und wenn's schnell gehen soll ist er prima geeignet.

Perfekte Gesundheit Shop
Gewerbegebiet Kinzigtal-Zentrum
Meerholzer Landweg 2
63584 Gründau
Telefon: +49 (0) 6051 88 90 180
info@perfektegesundheit.de
www.perfektegesundheit.de

Eismaschine
Modell: Gelataio ICK5000
Eine Eismaschine, die mich begeistert hat, weil kein Vorkühlen erforderlich ist. Der Kühlprozess erfolgt direkt in der Maschine und sie kommt auch gut mit festerem Eis zurecht, sodass das Ergebnis wie in der Eisdiele ist. Einfach zu bedienen und kinderleicht zu reinigen.

De'Longhi Deutschland GmbH
Carl-Ulrich Straße 4
63263 Neu-Isenburg
im Internet erhältlich

links: Dörrautomat
Marke: Sedona
Der Sedona-Dörrautomat ist einfach zu handhaben und digital zu bedienen.

rechts: Getreide-/Flockenquetsche Modell: KoMo FlocMan
Die elektrische Flockenquetsche ist einfach zu handhaben.

beide: Perfekte Gesundheit Shop
Gewerbegebiet Kinzigtal-Zentrum
Meerholzer Landweg 2
63584 Gründau
Telefon: +49 (0) 6051 88 90 180
E-Mail: info@perfektegesundheit.de
www.perfektegesundheit.de

Mixer
Marke Bianco
Modell: Puro4
Der Bianco Puro4 ist einfach schick, leistungsstark und im Vergleich zu anderen Mixern dieser Kategorie sehr leise.

BIANCO GmbH & Co. KG
Maarweg 255
50825 Köln
Telefon: +49 (0) 221 50 80 80 0
E-Mail:
info@bianco-power.com
www.power-trifft-design.de

Mixer:
Marke Vitamix
Modell: Vitamix 5200
Der Vitamix ist ein sehr guter Mixer und zaubert im Handumdrehen feinste Smoothies, Cremes, Suppen, etc.

Perfekte Gesundheit Shop
Gewerbegebiet Kinzigtal-Zentrum
Meerholzer Landweg 2
63584 Gründau
Telefon: +49 (0) 6051 88 90 180
E-Mail:
info@perfektegesundheit.de
www.perfektegesundheit.de

Keramik-Messer
Marke: Kyocera
Die Keramikmesser und anderen Schneidegeräte von Kyocera verwende ich super gerne. Sie sind extrem scharf und es macht einfach Freude mit ihnen zu arbeiten.

KYOCERA Fineceramics GmbH
Fritz-Müller-Straße 27
73730 Esslingen
im Fachhandel & Internet erhältlich

Entsafter
Modell: Angel Juicer
Der Angel Juicer ist mein absoluter Lieblingsentsafter. Er hat eine große Saftausbeute, ist leicht zu bedienen und zu reinigen. Für Obst, Gemüse, Gräser geeignet. Der Saft ist sehr fein.

Perfekte Gesundheit Shop
Gewerbegebiet Kinzigtal-Zentrum
Meerholzer Landweg 2
63584 Gründau
Telefon: +49 (0) 6051 88 90 180
E-Mail: info@perfektegesundheit.de
www.perfektegesundheit.de

REZEPTE VON A BIS Z

A

Apfel-Birnen-Crunch mit Karamell-
sauce 34
Apfel-Granola-Plätzchen 160
Apfel-Gurken-Kräuter-Saft 86
Apfel-Kirsch-Cookies 67
Apfeledertütchen mit Schoko-
Erdbeer-Mousse 160
Apfelstrudel fast wie bei Oma 130
Aromatische Mandelmilch 72
Asiatische Gemüse-Nudel-
Pfanne 123
Asiatisches Gemüse mit Blumen-
kohlreis-Timbale 120

B

Bananen-Carob-Cracker 66
Bananen-Dattel-Smoothie mit
Chlorella 87
Bananen-Smoothie 80
Bananen„grieß"brei 133
Bananencreme 138
Bananencrêpes mit Himbeercreme 135
Blaubeermüsli mit lila Zimt-Mande
milch 30
Blumenkohlchips 54
Bratapfelringe 163
Brokkoliburger mit Gemüsepommes 116
Brownies mit Nussstreuseln 150
Buchweizenmüsli mit Fruchtcreme 28
Bunte Energiekugeln 57
Bunte Gemüsespieße 124
Bunte Macadamiakugeln 52
Bunte Zwiebelcracker 58
Buntes Sushi und Frühlingsrollen 118
Butternuss-Nudeln mit Gemüse-
Salbei-Sauce 103

C

Cashewsahne 169
Cheezy Dip 173
Chiagel 176
Chiamehl 168
Chili-Limetten-Sauce 175
Cremige Tomatensauce 174
Cremige Tomatensuppe 63
Cupcakes mit bunten Sahne-
häubchen 148
Curry-Käse-Creme 171
Curry-Kokossuppe mit Bananen 90

D

Dattel-Carob-Rollen 162
Dattelpaste 174
Dill-Gurke an rosa Pfefferbeeren 40
Donauwelle 152
Dunkle Miso-Suppe 92

E

Eiswaffeln 178
Entspannender Kräuteraufguss 83
Erdbeer-Basilikum-Schiffchen auf
Blaubeerspiegel 68
Erdbeer-Vanille-Fruchtstangen 68
Erdnuss-Gemüse-Nudelzauber 103
Erdnüsse mit Würzgemüse im
Kelpnudel-Bett 108
Erfrischende Joghurtschokolade 133
Erfrischender Limettenkuchen 148

F

Falafel mit Hummus und Tzatziki 123
Feigen-Buchweizen-Creme 133
Feurige Tomatenchips 55
Frischer Melonenteller 43
Frischkornbrei mit Früchten 32
Frucht- und Gemüseleder 178
Fruchtig-feine Kokoscreme 138

G

Gedeckter Apfelkuchen 142
Geeister Smoothie à la Merengada 74
Gefüllte Champignons 100
Gefülltes Pflaume-Zimt-Leder 37
Gemüsequiche 115
Grapefruit-Avocado-Mix 43
Grüne Oase 78
Grüner Vitamincocktail 84
Grünkohlchips-Variationen 54
Guacamole 176
Gurken-Grünkohl-Mix 84

H

Helle Miso-Suppe 92
Helle und dunkle Cremeschokolade 151
Himbeerwolke-Kuchen 156
Himmlischer Durianpudding 157
Honigkuchen-Bananen-Brot 61
Hummus 170

I

Irish-Moss-Gel 177
Italienisches Quinoa-Tomaten-
Taboulé 96

K

Kaiserschmarrn 153
Karibische Quinoa-Blüten-Taschen 38
Karotten-Ingwer-Saft 76
Karotten-Ingwer-Suppe 95
Karotten-Linsen-Cremesuppe 94
Karotten-Walnuss-Müsli 40
Kefir mit Biss 32
Ketchup 170
Klassischer KiBa 80
Knuspermüsli mit Kräuter-
Nussmilch 37
Kokoseis 152
Kräuterdip 175
Kräuterpesto 177
Kunterbunter Blumenkohlreis 110
Kunterbunter Salat-Gemüse-Mix 44
Kürbis-Linsen-Suppe 94
Kürbissuppe 91

L

Lasagne mit Zucchini und Süßkartoffeln 104
Löwenzahnsalat mit essbaren Blüten 40

M

Maca-Aufguss 86
Mairübchentaschen mit Rote-Bete-
Kokos-Füllung 124
Mandel-Cashew-Kuchen mit
Kaffeefüllung 146
Mandel-Dattel-Riegel 157
Mandel-Sonnenblumen-Mix mit
Tomaten 38
Mandelkuchen mit Kirschswirls 140
Mandelmilch 166
Mandelmilch-Gewürztee 74
Mandelmilch-Shake 72
Mandeltoast 64
Mango-Chili-Dip 176
Mango-Curry-Pizza 112
Mango-Lassi 81
Mangopudding 130
Marzipankartoffeln 162
Mayonnaise 176
Mediterrane Chiasamenkräcker 66
Meeresgemüsesalat 98
Mix aus Gartenfrüchten 80
Mohn-Vanille-Eis 157
Mohnmüsli mit Ananas-Maca-
Mandelmilch 28
Mojito 83

N

Naturjoghurt 177
Naturjoghurt mit frischen Früchten 43
Nussecken 151
Nusshack 168
Nussiges Müsli 34
Nussknacker 150
Nussmilch 166
NuTella 64

O

Oliven-Petersilie-Salat 98
Orangen-Ananas-Smoothie 77

P

Panierte Zwiebelringe 50
Pfefferminztee mit Pinienkernen 83
Pfirsich-, Zitronen- und Basilikum-
    sorbet 156
Pfirsich-Mango-Tango 46
Pilzbrot 62
Pilzsteaks mit Kürbispüree 111
Pinienparmesan 168
Pinkfarbene Kokosflakes 166
Pistazien-Kokos-Eis 154
Pizza Rucola mit Tapenade 112
Pizzaboden 173
Puderzucker 169

R

Regenbogen-Makronen 69
Reishi mit Mandelmilch 78
Rhabarbermus an Erdbeercreme 136
Rote-Bete-Apfel-Saft 76
Rote-Bete-Carpaccio mit Dattel-Senf-
    Dressing 101
Rote-Bete-Meerrettich-Aufstrich 62
Rote-Bete-Quisotto 100

S

Sanfte Birne 44
Sanfte Erdbeere 76
Sanfter Walnusskaffee 72
Sauerkraut mit Kartoffelpüree 114
Sauerkraut-Sprossen-Rollen 118
Schoko-Bananen-Granola mit
    Mandelmilch 30
Schoko-Vanille-Himbeer-Traum 134
Schokojoghurt mit Vanille-Erdbeer-
    Tupferl 31
Schokoladeneis 146
Schokomousse 136
Sesam-Dill-Kräcker 66
Smoothie mit Melone und Gurke 77

Sommer-Colada 74
Sommerfrucht-Smoothie 84
Sonnige Maissuppe 90
Sour Cream 174
Spaghetti mit Tomatensauce und
    Nusshack 108
Stracciatellaeis 154
Süßkartoffelsalat mit Cashewsauce 96
Süßsaure Sesam-Mandeln 56

T

Tiramisu 159
Tomaten-Algen-Türmchen 50
Tomaten-Basilikum-Nudeln 104
Tomaten-Paprika-Chili mit Nusshack 110
Tomatensuppe 95
Torte à la Schwarzwälder Kirsch 145
Tzatziki 168

U

Überbackene Pilzchips 52

V

Vanilleeis mit Schokoladenkick 155
Vanilletraum 134
Vitalbrot 58

W

Weihnachtsbrot mit Gemüse 61
Wilder Muntermacher 45
Wraps mit Gemüsefüllung 127
Würzige Kräuter-Nuss-Kugeln 56

Z

Zarte Kokosnusscreme 139
Zucchini-Fettuccine mit frischen
    Gartenkräutern 106
Zucchini-Spaghetti à la carbonara 106
Zucchinirollen mit Macadamia-
    Kräuter-Füllung 127

STICHWORT-VERZEICHNIS

Açaibeere 15, 16
Bananen-Dattel-Smoothie mit
    Chlorella 87
Blaubeermüsli mit lila Zimt-Mandel-
    milch 30
Buchweizenmüsli mit Fruchtcreme 28
Erdbeer-Vanille-Fruchtstangen 68

Avocado 16
Buntes Sushi und Frühlingsrollen 118
Erfrischender Limettenkuchen 148
Frucht- und Gemüseleder 178
Grapefruit-Avocado-Mix 43
Guacamole 176
Kürbis-Linsen-Suppe 94
Pizza Rucola mit Tapenade 112
Sauerkraut-Sprossen-Rollen 118
Schokomousse 136
Sonnige Maissuppe 90
Wilder Muntermacher 45
Wraps mit Gemüsefüllung 127

Baobab 15
Bunte Energiekugeln 57
Erfrischende Joghurtschokolade 133
Frucht- und Gemüseleder 178
Kefir mit Biss 32
Mohnmüsli mit Ananas-Maca-
    Mandelmilch 28
Sommer-Colada 74

Blaubeere 16
Blaubeermüsli mit lila Zimt-Mandel-
    milch 30
Cupcakes mit bunten Sahne-
    häubchen 148
Erdbeer-Basilikum-Schiffchen auf
    Blaubeerspiegel 68

Carob 15
Aromatische Mandelmilch 72
Bananen-Carob-Kräcker 66
Cremige Tomatensuppe 63
Dattel-Carob-Rollen 162
Donauwelle 152
Gedeckter Apfelkuchen 142
Knuspermüsli mit Kräuter-Nuss-
    milch 37
Mandelmilch-Gewürztee 74
Nussiges Müsli 34
NuTella 64
Weihnachtsbrot mit Gemüse 61

Chiasamen 15, 16
Apfel-Granola-Plätzchen 160
Bananen-Carob-Kräcker 66
Bananencrêpes mit Himbeercreme 135
Buchweizenmüsli mit Fruchtcreme 28
Bunte Zwiebelcracker 58
Chiagel, Grundrezept 176
Chiamehl, Grundrezept 168
Eiswaffeln 178

Register 189

Erdnüsse mit Würzgemüse im Kelp-
nudel-Bett 108
Frischkornbrei mit Früchten 32
Honigkuchen-Bananen-Brot 61
Kaiserschmarrn 153
Kefir mit Biss 32
Knuspermüsli mit Kräuter-Nuss-
milch 37
Löwenzahnsalat mit essbaren Blüten 40
Mandelkuchen mit Kirschswirls 140
Mandeltoast 64
Mango-Lassi 81
Mediterrane Chiasamenkräcker 66
Pfirsich-Mango-Tango 46
Pilzbrot 62
Pizzaboden 173
Schoko-Bananen-Granola mit
Mandelmilch 30
Sesam-Dill-Kräcker 66
Vitalbrot 58
Weihnachtsbrot mit Gemüse 61

Chlorella 15, 16
Apfel-Gurken-Kräuter-Saft 86
Bananen-Dattel-Smoothie mit
Chlorella 87
Erfrischender Limettenkuchen 148
Knuspermüsli mit Kräuter-Nuss-
milch 37
Regenbogen-Makronen 69
Schoko-Bananen-Granola mit
Mandelmilch 30

Dulse 14
Cremige Tomatensauce 174
Dunkle Miso-Suppe 92
Helle Miso-Suppe 92

Gojibeere 14
Buchweizenmüsli mit Fruchtcreme 28
Knuspermüsli mit Kräuter-Nuss-
milch 37
Nussknacker 150
Weihnachtsbrot mit Gemüse 61

Irish Moss
Cashewsahne 169
Donauwelle 152
Gedeckter Apfelkuchen 142
Himbeerwolke-Kuchen 156
Irish-Moss-Gel, Grundrezept 177
Kefir mit Biss 32
Mandel-Cashew-Kuchen mit Kaffee-
füllung 146

Mandelkuchen mit Kirschswirls 140
Naturjoghurt 177
Tiramisu 159
Torte à la Schwarzwälder Kirsch 145

Kakaobohne 14, 16
Apfel-Kirsch-Cookies 67
Aromatische Mandelmilch 72
Bananen-Dattel-Smoothie mit
Chlorella 87
Brownies mit Nussstreuseln 150
Bunte Energiekugeln 57
Cashewsahne 169
Cremige Tomatensauce 174
Cremige Tomatensuppe 63
Cupcakes mit bunten Sahne-
häubchen 148
Donauwelle 152
Eiswaffeln 178
Erfrischende Joghurtschokolade 133
Gedeckter Apfelkuchen 142
Helle und dunkle Cremeschokolade 151
Himbeer-Wolke-Kuchen 156
Knuspermüsli mit Kräuter-Nuss-
milch 37
Mandel-Cashew-Kuchen mit Kaffee-
füllung 146
Mandelkuchen mit Kirschswirls 140
Marzipankartoffeln 162
Nussecken 151
Nussiges Müsli 34
Nussknacker 150
NuTella 64
Schoko-Bananen-Granola mit
Mandelmilch 30
Schokojoghurt mit Vanille-Erdbeer-
Tupferl 31
Schokoladeneis 146
Schokomousse 136
Stracciatellaeis 154
Tiramisu 159
Tomaten-Paprika-Chili mit Nusshack 110
Torte à la Schwarzwälder Kirsch 145

Kelp 16
Asiatische Gemüse-Nudel-Pfanne 123
Dunkle Miso-Suppe 92
Erdnüsse mit Würzgemüse im Kelp-
nudel-Bett 108

Kokosnuss
Bananen-Dattel-Smoothie mit
Chlorella 87
Bunte Energiekugeln 57

Cupcakes mit bunten Sahne-
häubchen 148
Curry-Kokos-Suppe mit Bananen 90
Erdbeer-Basilikum-Schiffchen auf
Blaubeerspiegel 68
Erdnuss-Gemüse-Nudelzauber 103
Erfrischender Limettenkuchen 148
Fruchtig-feine Kokoscreme 138
Himbeerwolke-Kuchen 156
Karibische Quinoa-Blüten-Taschen 38
Kokoseis 152
Mairübchentaschen mit Rote-Bete-
Kokos-Füllung 124
Mango-Chili-Dip 176
Mango-Curry-Pizza 112
Mango-Lassi 81
Pinkfarbene Kokosflakes,
Grundrezept 166
Pistazien-Kokos-Eis 154
Sanfte Erdbeere 76
Schokojoghurt mit Vanille-Erdbeer-
Tupferl 31
Smoothie mit Melone und Gurke 77
Sommer-Colada 74
Sommerfrucht-Smoothie 84
Tiramisu 159
Torte à la Schwarzwälder Kirsch 145
Zarte Kokosnusscreme 139

Macawurzel 14, 16
Apfel-Birnen-Crunch mit Karamell-
sauce 34
Blaubeermüsli mit lila Zimt-Mandel-
milch 30
Buchweizenmüsli mit Fruchtcreme 28
Cupcakes mit bunten Sahne-
häubchen 148
Helle und dunkle Creme-
schokolade 151
Knuspermüsli mit Kräuter-Nuss-
milch 37
Kürbis-Linsen-Suppe 94
Maca-Aufguss 86
Mandel-Cashew-Kuchen mit Kaffee-
füllung 146
Mohn-Vanille-Eis 157
Mohnmüsli mit Ananas-Maca-
Mandelmilch 28
Orangen-Ananas-Smoothie 77
Pfirsich-, Zitronen- und Basilikum-
sorbet 156
Pfirsich-Mango-Tango 46
Schoko-Bananen-Granola mit
Mandelmilch 30

Schokomousse 136
Sommer-Colada 74

Nüsse, Mandeln & Co.
Apfel-Birnen-Crunch mit Karamell-
sauce 34
Apfel-Granola-Plätzchen 160
Aromatische Mandelmilch 72
Asiatisches Gemüse mit Blumen-
kohlreis-Timbale 120
Bananen-Smoothie 80
Bananencreme 138
Blaubeermüsli mit lila Zimt-Mandel-
milch 30
Blumenkohlchips 54
Brokkoliburger mit Gemüsepommes 116
Brownies mit Nussstreuseln 150
Buchweizenmüsli mit Fruchtcreme 28
Bunte Energiekugeln 57
Bunte Macadamiakugeln 52
Cashewsahne, Grundrezept 169
Cheezy Dip 173
Cremige Tomatensauce 174
Cupcakes mit bunten Sahne-
häubchen 148
Curry-Kokos-Suppe mit Bananen 90
Donauwelle 152
Dunkle Miso-Suppe 92
Eiswaffeln 178
Erdnuss-Gemüse-Nudelzauber 103
Erdnüsse mit Würzgemüse im Kelp-
nudel-Bett 108
Erfrischender Limettenkuchen 148
Falafel mit Hummus und Tzatziki 123
Feigen-Buchweizen-Creme 133
Frischkornbrei mit Früchten 32
Gedeckter Apfelkuchen 142
Gemüsequiche 115
Helle und dunkle Cremeschokolade 151
Himbeerwolke-Kuchen 156
Hummus 170
Kaiserschmarrn 153
Karotten-Ingwer-Suppe 95
Karotten-Walnuss-Müsli 40
Kefir mit Biss 32
Knuspermüsli mit Kräuter-Nuss-
milch 37
Kräuterpesto 177
Kunterbunter Blumenkohlreis 110
Kunterbunter Salat-Gemüse-Mix 44
Mairübchentaschen mit Rote-Bete-
Kokos-Füllung 124
Mandel-Cashew-Kuchen mit Kaffee-
füllung 146

Mandel-Dattel-Riegel 157
Mandel-Sonnenblumen-Mix mit
Tomaten 38
Mandelkuchen mit Kirschswirls 140
Mandelmilch-Gewürztee 74
Mandelmilch-Shake 72
Mandelmilch, Grundrezept 166
Mandeltoast 64
Marzipankartoffeln 162
Mayonnaise 176
Mohn-Vanille-Eis 157
Mohnmüsli mit Ananas-Maca-
Mandelmilch 28
Naturjoghurt 177
Nussecken 151
Nusshack 168
Nussiges Müsli 34
Nussknacker 150
Nussmilch, Grundrezept 166
NuTella 64
Panierte Zwiebelringe 50
Pfirsich-Mango-Tango 46
Pilzsteaks mit Kürbispüree 111
Reishi mit Mandelmilch 78
Rote-Bete-Carpaccio mit Dattel-Senf-
Dressing 101
Rote-Bete-Meerrettich-Aufstrich 62
Rote-Bete-Quisotto 100
Sauerkraut mit Kartoffelpüree 114
Schoko-Bananen-Granola mit
Mandelmilch 30
Schoko-Vanille-Himbeer-Traum 134
Schokoladeneis 146
Schokomousse 136
Sonnige Maissuppe 90
Sour Cream 174
Süßsaure Sesam-Mandeln 56
Tiramisu 159
Tomaten-Paprika-Chili mit Nusshack 110
Torte à la Schwarzwälder Kirsch 145
Tzatziki 168
Vanilleeis mit Schokoladenkick 155
Vanilletraum 134
Weihnachtsbrot mit Gemüse 61
Wilder Muntermacher 45
Würzige Kräuter-Nuss-Kugeln 56
Zucchini-Spaghetti à la carbonara 106
Zucchinirollen mit Macadamia-
Kräuter-Füllung 127

Reishi-Pilz 15, 16
Erdnuss-Gemüse-Nudelzauber 103
Kefir mit Biss 32
Reishi mit Mandelmilch 78

Sanfter Walnusskaffee 72
Schisandrabeere 15, 16
Buchweizenmüsli mit Fruchtcreme 28
Cupcakes mit bunten Sahne-
häubchen 148
Fruchtig-feine Kokoscreme 138
Knuspermüsli mit Kräuter-Nuss-
milch 37

Shatavari 15, 16
Cupcakes mit bunten Sahne-
häubchen 148
Donauwelle 152
Nussecken 151
Nussknacker 150

Sprossen 16
Asiatische Gemüse-Nudel-Pfanne 123
Buntes Sushi und Frühlingsrollen 118
Dunkle Miso-Suppe 92
Erdnuss-Gemüse-Nudelzauber 103
Karotten-Linsen-Cremesuppe 94
Kunterbunter Salat-Gemüse-Mix 44
Kürbis-Linsen-Suppe 94
Mango-Curry-Pizza 112
Sauerkraut-Sprossen-Rollen 118
Smoothie mit Melone und Gurke 77
Wilder Muntermacher 45
Wraps mit Gemüsefüllung 127

Stevia 14
Curry-Kokos-Suppe mit Bananen 90
Kürbis-Linsen-Suppe 94
Pfirsich-Mango-Tango 46

Superfoods 16

Vitamin B$_{12}$ 10, 183

Wakame 14, 16
Tomaten-Algen-Türmchen 50

Ebenfalls erhältlich ...

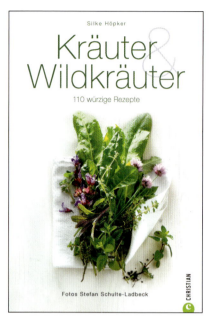

ISBN 978-3-86244-001-6

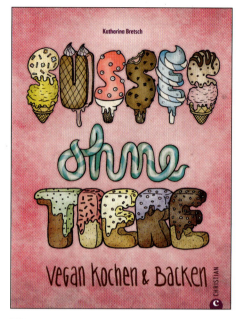

ISBN 978-3-86244-507-3

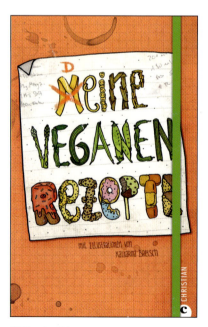

ISBN 978-3-86244-499-1

ISBN 978-3-86244-505-9

www.christian-verlag.de